Temas Atuais da Seguridade Social

Flávia Salum

Doutoranda em Direito Internacional pela PUc/MG com bolsa CAPES. Mestre e especialista em Direito Internacional. Advogada. Professora de Direito Internacional. Coordenadora de pós graduação de Direito e Diversidade e de Direito do Trabalho das Faculdades Santo Agostinho. Coordenadora de pesquisa do CEDIN sobre jurisprudência da Corte Internacional de Justiça.

Luciana Moraes de Farias

Advogada e Parecerista na área Previdenciária, Mestre em Direito Previdenciário pela PUC/SP, Presidente de honra benemérito do Instituto dos Advogados Previdenciários – IAPE. Concluiu o curso de política e Estratégia CEPE 57 pela ADESG/SP – Associação dos Diplomados da Escola Superior de Guerra, Especialista em Direito Processual Civil pela PUC/SP, Especialista em Direito Previdenciário pela EPD/SP, Professora Universitária na Uniesp Suzano e em cursos de Pós Graduação e ESA, Palestrante do Departamento de Cultura e Eventos da OAB/SP, Palestrante Nacional e Internacional (Argentina, Cuba, Itália, Chile, Costa Rica, Genebra), autora do livro Auxílio-Acidente pela LTr e artigos jurídicos.

Flávia Salum Carneiro Soares
Luciana Moraes de Farias
Organizadoras

Temas Atuais da Seguridade Social

Os artigos desta obra foram produzidos pelos congressistas presentes no XII Congresso Nacional do IAPE, realizado entre os dias 18 e 19 de agosto de 2016 e do VII Congresso Internacional do IAPE, realizado entre os dias 31 de outubro e 7 de novembro de 2015 em San José na Costa Rica

LTr®

EDITORA LTDA.

Rua Jaguaribe, 571
CEP 01224-003
São Paulo, SP – Brasil
Fone (11) 2167-1101
www.ltr.com.br
Agosto, 2017

Versão impressa: LTr 5837.0 — ISBN: 978-85-361-9334-2

Versão digital: LTr 9205.7 — ISBN: 978-85-361-9348-9

Produção Gráfica e Editoração Eletrônica: LINOTEC
Projeto de Capa: FABIO GIGLIO
Impressão: BOK 2

Dados Internacionais de Catalogação na Publicação (CIP)
(Câmara Brasileira do Livro, SP, Brasil)

Temas atuais de seguridade social / organizadoras Flávia Salum Carneiro Soares, Luciana Moraes de Farias. – São Paulo : LTr, 2017.

Vários autores.
Bibliografia.

1. Previdência complementar - Brasil 2. Seguro social - Brasil I. Soares, Flávia Salum Carneiro. II. Farias, Luciana Moraes de.

17-06011 CDU-34.368.4(81)

Índices para catálogo sistemático:

1. Brasil : Previdência social : Direito previdenciário 34.368.4(81)

Sumário

Apresentação

Imensa satisfação traduz esse momento, em que teremos publicado esta obra, onde reunimos artigos científicos apresentados no XI Congresso Nacional do IAPE, realizado em São Paulo e no V Congresso Internacional do IAPE na Costa Rica, realizado na Corte Interamericana de Direitos Humanos em San Jose/Costa Rica.

Tive a oportunidade de estar na coordenação de ambos os Congressos, onde, estiveram presentes especialistas e estudiosos em Direito Previdenciário e do Trabalho, que junto com outros apaixonados pelo Direito Social se dedicaram a escrever artigos voltados às temáticas debatidas.

Um Congresso Internacional de Direito Previdenciário de tamanha importância que tomou corpo e que, por intermédio deste livro, terá seu conteúdo expandido para outros advogados, procuradores, juízes, estudantes de Direito Previdenciário.

Ao meu lado, a Profa. Dra. Flávia Salum Carneiro Soares e a Profa. Dra. Cristiane Muzzi com grande maestria se dedicaram a coordenar esta grandiosa obra.

Todos os anos o IAPE realiza o seu Congresso Nacional de Direito Previdenciário que ocorre em São Paulo e o Congresso Internacional de Direito Previdenciário, passamos por Portugal, Espanha, Argentina, Cuba, Itália, Chile, Costa Rica e o último foi realizado em Genebra, onde uma comitiva de brasileiros acompanharam essa experiência fantástica.

Convido o leitor a participar conosco das próximas edições dos Congressos Nacional e Internacional do IAPE.

Fica aqui as minhas boas vindas para o deleite dessa leitura, que em muito acrescentará para o conhecimento, desenvolvimento e aprimoramento do Direito Previdenciário ao leitor.

Luciana Moraes de Farias

Presidente do Conselho Federal do IAPE –
Instituto dos Advogados Previdenciários – Gestão 2015-2017,
mestre em Direito Previdenciário pela PUC-SP,
autora de obras em direito previdenciário,
Advogada e parecerista.

Teses de Revisão Não Abarcadas pela Decadência do STF

Analia Silva

Bacharelado em Direito – UNIDF; Pós-Graduação em Regime Próprio de Previdência Social – Damásio Educacional; Pós-Graduação em Direito Previdenciário com ênfase na prática administrativa e judicial – INFOC; Pós-Graduação em Perícia Previdenciária e Trabalhista – UNISEB; Pós-Graduação em Direito Civil e Processo Civil – ATAME; Pós-Graduação em Gestão Pública com ênfase em Licitações e Contratos – ESAD.

1. INTRODUÇÃO

No presente artigo serão versadas considerações sobre um tema de grande discussão no Direito Previdenciário, que é o instituto da decadência aplicado no direito de revisar os benefícios previdenciários. No entanto, com especial atenção aos limites do presente trabalho, discorreremos sobre a aplicação da decadência na tese do melhor benefício.

Este artigo, associado ao posicionamento consolidado pelo STF em decisões já prolatadas no âmbito da aplicação da lei previdenciária, pode colaborar para afastar a aplicação do instituto da decadência aos benefícios concedidos antes da vigência da lei que a instituiu no regime geral.

O exame do direito intertemporal apresenta como tema central: as formas de aplicação da lei no tempo, permanecendo sempre intrinsecamente atrelado ao direito previdenciário em razão da conveniente inovação legislativa da matéria, deveras indispensável, a bem do princípio atuarial e regularmente, geradora de graves desequilíbrios econômicos do sistema e concepções doutrinárias e jurisprudenciais díspares.

O instituto da decadência exprime a preocupação com a preservação e a estabilidade das relações jurídicas, ou seja, é dar a cada um, o que é seu, não podendo dispor desse direito, de forma eterna. Assim, o titular do direito tem por determinação legal, certo tempo para promover a constituição, modificação ou extinção de uma situação jurídica.

Assim como será observado, o tema decadência é um tanto quanto polêmico no conhecido Direito Social, pois antes da regra prevista no art. 103 da Lei de Benefícios, era admissível a qualquer tempo sanar vício em relação aos benefícios previdenciários; contudo, caso existissem, diferenças devidas, fazia-se necessário respeitar o quinquênio legal, em face dos efeitos da prescrição.

Ao agregar a questão do prazo decadencial, a discussão que existia sobre a tese do melhor benefício, era a respeito da melhor data de início para o segurado se aposentar. Entretanto, a Previdência Social, no que lhe dizia respeito, entendia que não tinha cabimento tal discussão, uma vez que a data de início do benefício para o segurado sempre foi prevista, de forma prática, na legislação previdenciária. Assim sendo, o INSS entendia que a data de início de benefício – DIB, deveria ser estipulada ou na data do desligamento do emprego ou na data de apresentação do requerimento do benefício (art. 29 da Lei n. 8.213/1991).

Se mais vantajoso, fica assegurado o direito à aposentadoria, nas condições legalmente previstas na data do cumprimento de todos os requisitos necessários à obtenção do benefício, ao segurado que, tendo completado 35 anos de serviço, se homem, ou 30 anos, se mulher, optou por permanecer em atividade.

A tese do melhor benefício ratifica que, cumpridos todos os requisitos para a concessão do benefício, o segurado tem direito à aposentadoria que maior valor tenha, contemplados os critérios legais existentes, indiferentemente do momento em que o segurado venha demandar a concessão do benefício previdenciário e desde que a legislação superveniente, se existir, igualmente abrigue o direito pleiteado.

Além do que, a questão do direito ao melhor benefício, é objeto de apreciação de Repercussão Geral pelo Supremo Tribunal Federal, por meio do Recurso Extraordinário n. 630.501, que reconheceu o direito ao cálculo do benefício mais vantajoso ao segurado do INSS, uma vez que foram completadas as condições para a concessão da aposentadoria.

Em decisão prolatada pelo STF no julgamento do Recurso Extraordinário n. 626.489 com repercussão geral reconhecida, com relação à aplicação do instituto da decadência aos benefícios previdenciários concedidos antes da publicação da Medida Provisória n. 1.523-9, de 27.06.1997, posteriormente convertida na Lei n. 9.528/1997, implica na possibilidade de ocasionar à economia, uma despesa de milhões de reais em detrimento de todos os benefícios concedidos e ativos em junho de 1997, estabelecendo a possibilidade de revisões diversas, tanto de matérias de fato ou de direito, ainda não praticadas.

Assim sendo, no intuito de que se possa compreender a forma de aplicação da lei no tempo, indispensável se faz citar a existência dos seguintes fatos jurídicos: fatos passados, presentes, futuros e ainda os fatos pendentes, sendo que os três primeiros em face de suas próprias denominações escusam maiores explicações e não acarretam maiores discussões acerca da aplicação da lei a eles, principalmente no que se refere ao direito previdenciário.

Eventos pendentes e formas de aplicação da Lei no exame do direito previdenciário, sobretudo, são de substancial importância à conceituação dos eventos pendentes, porquanto assim, se qualificam a boa parte dos benefícios previdenciários, enquanto são adquiridos pelos respectivos segurados e são precisamente esses fatos que justificam as maiores discussões sobre a aplicação da lei no tempo. Portanto, os eventos pendentes são circunstâncias complexas conceituadas por Elival da Silva Ramos como os fatos "que, iniciados anteriormente ao início de vigência da lei, se prolongam no tempo, ultrapassando esse marco temporal".[(1)]

Fernando Noronha, professor da Universidade Federal de Santa Catarina, também defende esse entendimento, nos seguintes termos:

> Ora, como vamos ver, cada lei deverá ser aplicável aos fatos novos que acontecerem no seu tempo (prospectividade) e em princípio será ela também que deverá reger os efeitos novos que sejam produzidos no seu tempo por situações vindas do tempo anterior (retrospectividade); no entanto, uma lei pode determinar as consequências jurídicas de fatispécies completadas antes de ela haver entrado em vigor (retroatividade), ou pode ainda ser aplicável a pressupostos que se ultimarão somente após ela ter sido substituída por uma nova lei (pós-atividade).[(2)]

Para Carlos Maximiliano, "Considera-se retroativa, e, portanto, condenável, a lei, unicamente quando desrespeita, posterga, atropela ou destrói uma situação jurídica concreta".[(3)]

E para Savigny:

> Em primeiro lugar, é muito importante e desejável que os cidadãos tenham uma confiança inquebrantável no domínio das leis existentes. Isso não quer dizer uma confiança em sua duração imutável, porque, segundo as circunstâncias, a esperança de uma melhoria, de um progresso, pode ser um anseio fundado e salutar. Isso quer dizer a confiança que, enquanto as leis subsistirem, conservem seu domínio e sua eficácia. Cada um deve, portanto, poder sentir-se seguro que os atos jurídicos por ele realizados, segundo as leis existentes, para adquirir direitos, conservem no futuro sua eficácia.[(4)]

---

(1) RAMOS, Elival da Silva. *A proteção aos direitos adquiridos no direito constitucional brasileiro*. São Paulo: Saraiva, 2003.

(2) NORONHA, Fernando. Indispensável reequacionamento das questões fundamentais de direito intertemporal. *Revista Jurídica*, Porto Alegre, n. 325, p. 38 a 62, nov. 2004.

(3) MAXIMILIANO, Carlos. *Direito intertemporal ou teoria da retroatividade das leis*. São Paulo: Livraria Editora Freitas Bastos, 1946.

(4) SAVIGNY, Friedrich Carl von. *Sistema do direito romano atual*. Trad. Ciro Mioranza. Ijuí: Unijuí, 2004. V. VIII.

A retroatividade, de fato, causa conflito de interpretações em relação aos eventos pendentes, pois quando da incidência de uma nova lei sobre uma situação jurídica já constituída pode parecer, aparentemente, estar se empregando a lei de forma retroativa. No entanto, só existiria retroatividade da lei nova sobre a antiga, se essa nova norma alterasse algum dos efeitos já produzidos pela legislação do tempo em que a situação foi estabelecida, uma vez que se não houver alteração, pode-se estar diante de simples cumprimento imediato da lei. A retrospectividade, habitualmente designada de eficácia imediata ou, ainda, retroprospectividade, encerra relevante importância quando se trata de aplicar ou não determinada lei previdenciária nova aos benefícios previdenciários já concedidos, assim como a questão da aplicação do instituto da decadência aos benefícios previdenciários concedidos antes da publicação da Medida Provisória n. 1.523-9, de 27.06.1997, que foi posteriormente convertida na Lei n. 9.528/1997.

Noronha defende que retrospectividade existe "sempre que a lei nova considerar fatos ocorridos ao tempo da anterior, para determinar consequências que sejam válidas somente no seu novo tempo". Para José Eduardo Martins Cardozo, assim sendo, nos parece cabível concluir que por efeito imediato da lei se deve entender aquele que atinge fatos e situações no exato momento temporal em que entra esta em vigor, não importando juridicamente se tais fatos e situações remontam ou não no seu nascimento a um antigo diploma legislativo por esta nova lei substituído[(5)].

Observe que o autor considera como efeito imediato não só a incidência da lei sobre os eventos pendentes, mas, também sobre os fatos novos; precisamente por isso, deduzimos que a denominação "efeito imediato", até mesmo pela natureza gramatical das palavras, não é a mais apropriada quando se quer atingir a forma de aplicação da lei mais adequada aos eventos pendentes.

Retrospectividade não se confunde com a retroatividade, uma vez que aquela guarda todos os efeitos jurídicos dos atos praticados sob a vigência da lei antiga, fazendo valer seus fundamentos somente a partir do momento em que entra em vigor, diversamente da retroatividade, que poderia modificar o passado.

Limongi França, ao individualizar os direitos de aquisição sucessiva como os que "se obtêm mediante o decurso de um lapso de tempo. É o caso da prescrição, do direito à aposentadoria, da maioridade etc.", compreensão como mais conveniente a essa espécie de direito a aplicação imediata da lei, veja-se:

A solução, pois, parece encontrar-se na aplicação imediata da lei, considerando-se válido o lapso já decorrido, e computando-se o lapso por escoar de acordo com a lei nova. Está isto não apenas de acordo com a lógica jurídica, senão também com a regra do efeito imediato, a qual constitui atualmente uma das vigas mestras do nosso sistema de Direito Intertemporal[(6)].

Nesse sentido, igualmente o eminente jurista Vicente Ráo entende que se aplica o mesmo princípio aos fatos pendentes e respectivos efeitos. Assim, a parte destes fatos e efeitos, produzida sob o domínio da norma anterior, é respeitada pela nova norma jurídica, mas a parte que se verifica sob a vigência desta, a esta fica subordinada.[(7)]

Convém evidenciar a discussão de cunho controverso existente entre direitos adquiridos e a eficácia retrospectiva da lei; contudo, a maior parte dos autores que endossam essa forma de aplicação da lei, não a liberam do limite do direito adquirido, como, por exemplo, Fernando Noronha, que garante: "quando houver direitos adquiridos à sombra da lei anterior, a normal eficácia imediata da lei nova há de ser restringida e há que assegurar a pós-atividade da revogada".

Ponderando a hipótese de aplicação retrospectiva da lei, o nobre professor José Joaquim Gomes Canotilho, diz se o princípio da confiança pode ou não ser avocado e para tanto explica:

> A resposta, em geral, aponta para uma menor intensidade normativa do princípio nas hipóteses de retroatividade inautêntica (também chamada retrospectividade ou retroatividade quanto a efeitos jurídicos) do que nos casos de verdadeira retroatividade. Todavia, a protecção do cidadão procura-se por outros meios, designadamente através dos direitos fundamentais – saber se a nova normação jurídica tocou desproporcionada, desadequada e desnecessariamente dimensões importantes dos direitos fundamentais, ou se o legislador teve o cuidado de prever uma disciplina transitória justa para as situações em causa. No primeiro caso – proteção de confiança através de direitos

(5) CARDOZO, José Eduardo Martins. *Da retroatividade da lei*. São Paulo: RT, 1995.

(6) FRANÇA, Limongi. *A irretroatividade das leis e o direito adquirido*. 3. ed. Refundida e atualizada do "Direito intertemporal brasileiro". São Paulo: RT, 1982.

(7) RÁO, Vicente. *O direito e a vida dos direitos*. 3. ed. anotada e atualizada por Ovídio Rocha Barros Sandoval. São Paulo: RT, 1991. V. I.

fundamentais – deverá desenvolver-se, de acordo com os dados concretos, uma retórica argumentativa tendente a tornar transparente se o princípio da proteção da confiança é um topo concretizador dos direitos fundamentais, se é uma dimensão do princípio da proibição do excesso, ou se constitui mesmo uma dimensão autônoma, integrada no âmbito da proteção da norma garantidora do direito fundamental.[8]

Canotilho defende que a disciplina transitória, se dá por meio de instrumentos do direito transitório, tais como: "entrada gradual em vigor da lei nova, dilatação da *vacatio legis*, disciplina específica para situações, posições ou relações jurídicas imbricadas com as leis velhas e com as leis novas".

Para Noronha, a pós-atividade é uma figura que se pode dizer contraposta à retrospectividade: nela, é necessário recorrer à lei revogada para determinar as novas consequências jurídicas a serem produzidas após a vigência da nova lei por fatos (ou situações) que já vêm do tempo da primeira. A respeito desta figura, muitos autores falam em sobrevivência da lei antiga, ou em ultratividade, que são expressões não muito adequadas.

A pós-atividade, por conseguinte, não se confunde com a irretroatividade legal, uma vez que essa é apenas um princípio que coíbe a retroatividade das leis, à medida que aquela é extensão da vigência de uma lei já revogada sobre uma situação jurídica especifica que foi estabelecida sob sua égide. Assim sendo, torna-se imperioso concluir que a pós-atividade também pode se empregar aos fatos pendentes, quando esses estão sob o resguardo do direito adquirido; portanto, seria a antiga lei que permaneceria regendo esse determinado fato.

Desse modo, constata-se que a pós-atividade funciona como um limitador à retrospectividade e especialmente como uma garantia da preservação das situações compreendidas pelo direito adquirido. Existem ainda outras distinções entre os próprios eventos pendentes, que podem auxiliar na elucidação dos conflitos da lei no tempo, possivelmente como forma de classificá-los e assim se constituir qual será a eficácia legislativa:

Quanto aos fatos pendentes (*facta pendentia*), em geral, prevalece a norma recente. Ocorrem quatro espécies ou possibilidades: a) situações jurídicas em curso de constituição no momento do advento da lei nova; b) situação jurídica em curso de efeitos, isto é, efeitos posteriores ao momento referido; c) situação jurídica em curso de extinção, ao tempo em que sobrevém o diploma modificador das condições de extinção; d) situações de puro fato, de caráter durável, que, na vigência das regras ab-rogadas, não haviam produzido a constituição, nem a extinção de uma situação jurídica, e que estavam ainda em curso ao surgirem os últimos mandamentos atribuindo-lhes aquele poder de constituir ou extinguir.

Entre as formas de utilização da lei no tempo, a que ainda provoca controvérsia é a retrospectividade, haja vista a prospectividade tratar-se de forma habitual de aplicação da lei e a retroatividade só pode ser aplicada quando expressamente declarada. Assim sendo, é possível mencionar alguns exemplos comuns de eficácia retrospectiva: as leis que criam ou extinguem uma instituição, modificam as meras faculdades legais, regulam e definem a capacidade e o estado das pessoas, bem como as leis políticas, compreendendo as de natureza constitucional, eleitoral e administrativa.

2. DA DECADÊNCIA NO DIREITO PREVIDENCIÁRIO

O instituto da decadência, delinado como "causa extintiva de direito pelo seu não exercício no prazo estipulado pela lei", solicita distinção da prescrição que prevê a extinção do direito de ação, no intuito de se evitar equívocos em relação à natureza jurídica do instituto trazido ao direito previdenciário por ocasião da Medida Provisória n. 1.523-9, de 27 de junho de 1997, que posteriormente foi convertida na Lei n. 9.528/1997, e alterou o art. 103 da Lei n. 8.213/1991. Nesse sentido, Nelson Nery Junior e Rosa Maria de Andrade Nery explicam:

> Quando a pretensão de direito material a ser deduzida em juízo for exercitável por meio de ação de natureza condenatória, bem como as de execução dessas mesmas pretensões, o prazo previsto em lei para o seu exercício é de prescrição. Nasce a pretensão com a violação do direito e o titular pode exigir uma prestação do devedor.[9]

Citam ainda, que em relação à decadência: "O prazo previsto expressamente na lei, para o exercício das pretensões que se ajuízam mediante ação constitutiva, positiva ou negativa, é de decadência, pois a pretensão constitutiva se caracteriza como direito potestativo."

(8) CANOTILHO, José Joaquim Gomes. *Direito Constitucional e Teoria da Constituição*. 4 ed. Coimbra: Almedina, 2000.

(9) MIRANDA, Pontes de. *Tratado de direito privado*. 1. ed. Campinas: Bookseller, 2000. Tomo V NERY Jr., Nelson; NERY, Rosa Maria de Andrade. *Código Civil comentado*. 7. ed. rev., ampl. e atual. até 25.08.2009. São Paulo: RT, 2009.

Ademais, no julgamento do MS n. 9.112/DF a Min. Eliana Calmon, DJ 14.11.2005, do Supremo Tribunal Federal, ao apreciar o tema pela primeira vez, à luz do art. 54, da Lei n. 9.784/1999, firmou o entendimento de que a Lei nova se aplica sim, a atos anteriores, mas, com relação a eles, o prazo decadencial, conta-se a partir da sua vigência e não da data do ato, pois aí sim, haveria aplicação retroativa. Vejamos o que, na verdade, alegou a Ministra relatora em seu voto:

> Ora, até 1999, data da Lei 9.784, a Administração podia rever os seus atos, a qualquer tempo (art. 114 da Lei n. 8.112/90). Ao advento da lei nova, que estabeleceu o prazo de cinco anos, observadas as ressalvas constitucionais do ato jurídico perfeito, do direito adquirido e da coisa julgada (art. 5º, XXXVI, CF), a incidência é contada dos cinco anos a partir de janeiro de 1999. Afinal, a lei veio para normatizar o futuro e não o passado. Assim, quanto aos atos anteriores à lei, o prazo decadencial de cinco anos tem por termo *a quo* a data da vigência da lei, e não a data do ato.

Assim sendo, se antes da alteração normativa podia o segurado requerer a qualquer tempo o pedido de revisão dos atos concessórios do benefício previdenciário, é correto afirmar que a norma superveniente não poderá recair sobre o tempo passado, de modo a evitar a revisão; contudo também é certo afirmar que o novo dispositivo legal está apto a estender-se sobre o tempo futuro, a partir de sua vigência. Entretanto, para por fim a essa discussão quanto ao prazo decadencial aos benefícios concedidos antes da vigência da Medida Provisória n. 1.523/1997, o STF, por meio do julgamento do Recurso Extraordinário n. 626.489, depreendeu que o prazo decadencial de dez anos, estabelecido pela Medida Provisória n. 1.523, de 28.06.1997, teria como termo inicial o dia 1º de agosto de 1997.

Lamentavelmente, não é seguida a correta hermenêutica jurídica, na qual se inclinam os tribunais pátrios nos julgamentos relacionados a essa questão. Entretanto, independentemente dessa fundamental discussão, cabe frisar que no Recurso Extraordinário n. 626.489, com repercussão geral reconhecida, o STF decidiu pela aplicação do instituto da decadência aos benefícios previdenciários concedidos antes da publicação da Medida Provisória n. 1.523-9. Por essa razão, tratar-se-á o instituto como decadência e não prescrição, pacificando-se o entendimento da Suprema Corte brasileira no sentido de que em matéria previdenciária há que se empregar à lei vigente no momento da concessão do benefício. Por essa razão, se pressupõe que a decisão do mesmo tribunal, agora em relação à aplicação ou não da decadência aos benefícios previdenciários concedidos antes da entrada em vigor da Medida Provisória n. 1.523-9, seja semelhante ao posicionamento adotado por ocasião do julgamento a respeito do aumento do percentual das pensões por morte concedidas antes da vigência da Lei n. 9.032/2005, ou seja, no sentido da lei nova não alcançar os benefícios prontamente concedidos e ativos (fatos pendentes), devendo haver a aplicação prospectiva da lei em matéria previdenciária.

Algumas considerações justificadoras da não aplicação da Lei n. 9.032/2005, às pensões já concedidas servem do mesmo modo na fundamentação da não incidência da decadência aos benefícios já concedidos: "A nova redação do art. 103 da Lei n. 8.213/1991, dada pelas Leis ns. 9.528/1997 e 9.711/1998, não tem efeito retroativo. Mantida a revisão do benefício de pensão por morte da autora, de acordo com a legislação vigente na data do óbito do segurado".

Destarte, convém citar o argumento utilizado pela autarquia previdenciária em suas razões de Recurso Extraordinário n. 415.454: "A lei tem vigência para o futuro, não atingindo atos que se concretizaram sob a égide de legislação anterior, a fim de manter a segurança das relações sociais".

No tocante à incidência ou não da decadência aos benefícios já concedidos, seria razoável alegar a existência de direito adquirido (art. 5º, XXXVI, da CF/1988), haja vista que a possibilidade de revisar o benefício a qualquer tempo seria pretensão de cunho vantajoso que já teria ingressado ao patrimônio do segurado. Entretanto, possivelmente tal argumento seria rechaçado sob a alegação de inexistência de direito adquirido a regime jurídico, entendimento também já pacificado no âmbito do STF.

Outra arguição que se faz em relação a não incidência do art. 103 da Lei n. 8.213/1991, é a de que isso afrontaria o princípio da segurança jurídica, uma vez que o segurado aposentado antes de 27.06.1997, ignorava qualquer espécie de limitação temporal ao seu direito de revisar o benefício. Assim, qualquer mudança legal, nesse sentido, provocaria insegurança jurídica aos segurados, que poderiam ser surpreendidos ao demandar uma revisão com uma declaração de decadência que sequer cogitavam existir, pois no momento da concessão de seus benefícios isso não existia.

Por esse ângulo, há quem alegue que mesmo que se aplicasse o prazo decadencial aos benefícios concedidos antes de junho de 1997, ou seja, dando-se às leis previdenciárias eficácia retrospectiva, ao contrário das frequentes manifestações da Suprema Corte, esse prazo só poderia ser contado a partir da última mudança legislativa, ou seja, por ocasião da Lei n. 10.839, esgotando-se os primeiros prazos decadenciais somente em 2014.

Em julgamento do STF, o Ministro-Relator Teori Albino Zavascki, citou trecho do voto da Ministra Eliana Calmon, proferido no julgamento do Mandado de Segurança n. 9.112/DF, a fim de justificar seu entendimento.

Ora, até 1999, data da Lei n. 9.784, a Administração não podia rever os seus atos, a qualquer tempo (art. 114 da Lei n. 8.112/1990). Ao advento da lei nova, que estabeleceu o prazo de cinco anos, observadas as ressalvas constitucionais do ato jurídico perfeito, do direito adquirido e da coisa julgada (art. 5º, XXXVI, da CF), a incidência é contada dos cinco anos a partir de janeiro de 1999. Afinal, a lei veio para normatizar o futuro e não o passado. Assim, quanto aos atos anteriores à lei, o prazo decadencial de cinco anos tem por termo *a quo* a data da vigência da lei, e não a data do ato.

Sucede que o voto da Ministra Eliana Calmon, foi prolatado em acórdão cujo objeto era eminentemente relativo ao direito administrativo, não existindo, qualquer menção ao direito previdenciário, que é indissociável da análise de seu caráter social, ao contrário do direito administrativo, limitado ao princípio da legalidade.

Assim sendo, o julgamento relativo à incidência ou não da decadência aos benefícios concedidos antes da vigência da Lei n. 9.528/1997 deverá, além de elucidar sobre a inexistência de direito adquirido, *in casu*, e da não aplicação retrospectiva ou retroativa da lei previdenciária, corroborar o entendimento proferido por ocasião do julgamento do Recurso Extraordinário n. 415.454, que da mesma maneira que outros reiterados acórdãos, em matéria previdenciária, o princípio aplicável é o *tempus regit actum*, resultando, pois, na aplicação prospectiva e pós-ativa da lei.

3. DECISÃO DO SUPREMO TRIBUNAL FEDERAL SOBRE DECADÊNCIA

O Recurso Extraordinário n. 626.489, julgado pelo Plenário do Supremo Tribunal Federal, determinou apenas quando começava, mas não o que começava. Ao debater o instituto da decadência, como bem afirma o ilustre advogado especialista em Direito Previdenciário, Guilherme Pfeifer Portanova, a discussão do prazo decadencial no âmbito previdenciário, está muito longe de se concluir.

Convém ressaltar, que o Supremo Tribunal Federal, já firmou o entendimento de que tem natureza infraconstitucional, a controvérsia sobre a decadência das ações de revisão, relativas aos benefícios previdenciários após a edição da Medida Provisória n. 1.523-9 de 27.06.1997. Nessa perspectiva, vejamos a ementa do ARE n. 704.398/RS, julgado sob a relatoria do Ministro Luís Roberto Barroso:

> EMBARGOS DE DECLARAÇÃO RECEBIDOS COMO AGRAVO REGIMENTAL. PEDIDO DE REVISÃO. BENEFÍCIO CONCEDIDO APÓS A EDIÇÃO DA MP N. 1.523/97. DECADÊNCIA. MATÉRIA DE NATUREZA INFRACONSTITUCIONAL. CONTROVÉRSIA ACERCA DO TERMO "REVISÃO" DO ART. 103 DA LEI N. 8.213/1991. MATÉRIA INFRACONSTITUCIONAL. A jurisprudência do Supremo Tribunal Federal é firme no sentido de que é de índole infraconstitucional a controvérsia quanto à decadência do pedido de revisão dos benefícios concedidos após a edição da MP n. 1.523/97. Precedentes. Situa-se no plano da legalidade, e não da constitucionalidade, a controvérsia trazida pela parte recorrente, referente à interpretação do termo "revisão" constante no art. 103 da Lei n. 8.213/1991. Embargos de declaração conhecidos como agravo regimental a que se nega provimento.

Portanto, a questão do conteúdo do vocábulo expresso no art. 103 da Lei n. 8.213/1991, por eficácia constitucional, é de competência exclusiva do Superior Tribunal de Justiça – STJ, já que envolvem análise infraconstitucional, como bem leciona o ilustre advogado, especialista em Direito Previdenciário, Guilherme Pfeifer Portanova:

> A primeira assertiva que deve ser contemplada, é que após o julgamento do ARE n. 704.398/RS, curiosamente no dia primeiro de abril/2014, o Ministro Luís Roberto Barroso, reconheceu, ratificando a posição remansosa da Corte Suprema, sua "incompetência" para a análise da matéria acerca do conteúdo, do alcance do art. 103 da LBPS, desmistificando-se, assim, a lenda de que todo e qualquer direito que dissesse respeito ao ato concessório já não mais poderia ser debatido, porquanto, o Supremo Tribunal Federal quando do polêmico julgamento do Tema n. 313, teria fulminado tal possibilidade.

Assim sendo, por força da Constituição Federal, do Código Processual brasileiro, como pelo Regimento Interno do Supremo Tribunal Federal e de sua pacíficada jurisprudência, a temática da expressão revisão do ato de concessão não poderia ser objeto de exame quando do julgamento do Recurso Extraordinário n. 626.489, tendo em vista que o ponto fundamental da controvérsia jurídica foi deliberar se a lei que estabeleceu o prazo decadencial, até então inexistente, se aplicaria às situações jurídicas anteriormente constituídas a lei.

4. DA NÃO APLICAÇÃO DO PRAZO DECADENCIAL SOBRE A REVISÃO DO MELHOR BENEFÍCIO

O presente artigo tem como intuito analisar e principalmente realizar o *distinguishing*, pois como é evidente nas ações que envolvem a Autarquia Previdenciária, o que mais se observa em suas defesas é a busca descomedida pela aplicação do instituto da decadência. Não obstante, devemos realizar um cogente *distinguishing* no que tange à aplicabilidade ou não do insigne art. 103, da Lei n. 8.213/1991.

Assim sendo, ponderando que a decadência é um instituto, por definição, suspensivo de direitos, tem-se que a norma contida no art. 103, da Lei n. 8.213/1991, deve ser restritivamente entendida, devendo ser empregado apenas aos casos em que o segurado ou beneficiário almeja a revisão do ato concessório do benefício previdenciário.

O que não ocorre na tese do melhor benefício, uma vez que o benefício em debate não assinala vícios no ato concessório da aposentadoria que o segurado vem recebendo. O benefício ora em manutenção não exibe erro de processamento ou de concessão que requeira ser revisado, o que de fato se discute é a substituição da apuração de renda mensal inicial de forma mais vantajosa, com a retroação da data de início do benefício (DIB) para período anterior à data em que foi concretizado o requerimento do benefício previdenciário.

Convém registrar que não se confunde a data de início do pagamento, que está sujeito a manifestação da vontade quando o segurado demanda administrativamente o benefício, pautada nos arts. 49 e 54, da Lei n. 8.213/1991, com a data do cálculo da renda mensal inicial dos proventos da aposentadoria.

Portanto, nesse sentido, vale destacar os ensinamentos do ilustre advogado especialista em Direito Previdenciário Guilherme Pfeifer Portanova:

> Primeiramente, no que tange a este tópico, temos que ter bem claro, que não se discute na ação concessória de melhor benefício, nenhuma das três hipóteses que caracterizariam a REVISÃO DE RMI (leia-se do "ato da concessão" – art. 103), segundo a melhor doutrina pátria e a própria lei de benefícios (8.213/91) pois, nesta ação, não se quer acrescer tempo, revisar índices de correção, nem muito menos, o percentual do cálculo da RMI (restrição atuarial, coeficiente de cálculo ou fator previdenciário).

Além do mais, a grande questão que abrange a decadência no Direito Previdenciário é o que seria renda mensal inicial – RMI que retrata a expressão "ato de concessão" prevista no art. 103, da Lei n. 8.213/1991. A resposta se encontra na própria Lei de Benefícios no art. 28, *caput*, e art. 29, I e II, § 7º.

Assim sendo, a lei delibera que a renda mensal inicial – RMI dos benefícios previdenciários seja composta de salário de contribuição e restrição atuarial. E, portanto, a tese do melhor benefício não debate em nenhum momento esses dois elementos (salário de contribuição e restrição atuarial), segundo a regra, o direito ao melhor benefício não pode ser atingido pelo prazo constante no art. 103, pois não é revisão de ato concessório, porém se pleiteia um benefício mais favorável já agregado ao patrimônio do segurado, definido pelo direito pátrio como direito adquirido. Pode também se dizer, que a tese do melhor benefício tem grande semelhança com a tese da desaposentação, como bem ilustrado pelo ilustre advogado Guilherme Pfeifer Portanova:

> Também não podemos nos olvidar, quanto à similaridade do Tema n. 334/RE 630.501 (DIREITO AO MELHOR BENEFÍCIO) com a tese da DESAPOSENTAÇÃO (Tema n. 503/STF), no que tange ao fato de dependerem de requerimento do titular (direito potestativo formativo) e de não terem parcelas vencidas, ou seja, atrasados, até porque, não há crítica alguma no ato concessório, e por isso, não caberia a condenação ao pagamento de atrasados, as chamadas parcelas vencidas.

Do mesmo modo, algumas vezes ouvimos que a tese do melhor benefício, nada mais é que uma desaposentação pretérita, tendo em conta que nesse debate o aposentado busca a substituição, ou melhor, o cancelamento do atual benefício e demanda outro mais vantajoso, mas com data anterior a concessão do benefício atual que vem auferindo. Isso é admissível em razão de um grande fator, a economia, uma vez que quando o benefício era concedido, a economia na época era muito volúvel fazendo com que os cálculos das aposentadorias apresentassem variações de mês para outro.

Destarte, começa ganhar força na jurisprudência que tudo aquilo que não foi objeto de exame pela Previdência Social no deferimento das aposentadorias, não terá a incidência do prazo decadencial, pelo fato de que, quando não se tiver denegado o próprio direito reclamado, não há de se falar em decadência. Vale a pena destacar o posicionamento do STJ por meio do julgamento do AgRg no Agravo em Recurso Especial n. 549.306/RS, que debatia a tese melhor benefício, onde o Tribunal afastou o prazo decadencial para tese em litígio, o Ministro Humberto Martins, relator, afirmou no v. acórdão, o STJ, em deliberação unânime, firmou entendimento no sentido de que *"a decadência prevista no art. 103 da Lei n. 8.213/1991 não alcança questões que não restaram resolvidas no ato administrativo que apreciou o pedido de concessão do benefício. Isso pelo simples fato de que, como o prazo decadencial limita a possibilidade de controle de legalidade do ato administrativo, não pode atingir aquilo que não foi objeto de apreciação pela Administração" (AgRg no REsp 1.407.710/PR, Rel. Ministro Herman Benjamin, Segunda Turma).*

Portanto, por esse entendimento podemos alegar que para a tese melhor benefício não há de se falar decadência, e partindo da premissa que a Previdência Social não teria qualquer responsabilidade no momento da concessão dos benefícios e os segurados normalmente não teriam condições de verificar que os seus benefícios recebidos foram calculados em conformidade com as regras, uma vez que não se pode perpetuar qualquer ofensa ao direito fundamental dos benefícios previdenciários, pois a fixação de prazo decadencial permite à Previdência Social a possibilidade de lesar, se aproveitando da presunção de verdade que o cidadão confere a ela, e depois de 10 anos (art. 103 da Lei n. 8.213/1991) perpetua uma incontestável ofensa ao direito social.

5. AVALIAÇÃO DA APLICABILIDADE DA LEI N. 9.032/95 E A DECISÃO DO STF

Para que se possa debater o entendimento do STF no tocante à aplicação da legislação previdenciária, se faz cogente referir-se a julgamento pretérito, fato em arguições de direito intertemporal e previdenciário. Nessa perspectiva, por ocasião do julgamento dos Recursos Extraordinários ns. 415.454 e 416.827, o STF manifestou-se a respeito da aplicação da Lei n. 9.032/1995, que aumentou o percentual do salário de benefício das pensões por morte de 90% (noventa por cento) para 100% (cem por cento) do salário de benefício às pensões por morte já concedidas quando da promulgação da referida lei. Essa Lei não trouxe em seu bojo a forma de eficácia que sobre si recairia, existiram muitas teses sobre sua forma de aplicação, entre elas, a de aplicação imediata da nova lei, no sentido de que o princípio *tempus regit actum* se submeteria ao efeito imediato da lei nova, a exceção do direito adquirido, ato jurídico perfeito e coisa julgada.

Diversos foram os processos judiciais permeados, muitos com procedência transitada em julgado, ter em vista à revisão das pensões já concedidas com percentuais menores. Contudo, no julgamento dos Recursos Extraordinários ns. 415.454 e 416.827, o STF pacificou o entendimento segundo o qual, em matéria previdenciária, prevalece o princípio do *tempus regit actum*, necessitando, pois, ser aplicada a legislação vigente no momento da concessão do benefício; por conseguinte, todos os demais processos em andamento e as aspirações ainda não litigiosas restaram improcedentes em virtude dessa decisão da Corte Suprema. Não obstante a decisão final tenha sido nesse sentido, convém salientar que no extenso Acórdão n. 415.454, por exemplo, não faltaram alegações de ministros no sentido de proceder a aplicação do efeito imediato da lei, a exemplo do Ministro Eros Grau que restou vencido em seu entendimento:

> A lei aplica-se imediatamente aos efeitos que se manifestam nesse período. Trata-se, então, da imediatidade da lei. Aplicando-se a lei imediatamente, não afetará as condições de validade de qualquer ato passado, nem alterará as consequências de um direito já realizado. Não obstante, aplicar-se-á às situações em curso, vale dizer, atingirá os efeitos [= direitos] que se verifiquem de forma sucessiva.

No entanto, persistiu nessa ocasião o entendimento contrário no sentido da aplicação apenas prospectiva da lei previdenciária, observe-se que figura na própria ementa do Recurso Extraordinário n. 415.454, entre outros argumentos, o seguinte: "(...) Levantamento da jurisprudência do STF quanto à aplicação da lei previdenciária no tempo. Consagração da aplicação do princípio *tempus regit actum* quanto ao momento de referência para a concessão de benefícios nas relações previdenciárias".

E mais a frente, ainda no bojo da ementa, em conclusão: *"A Lei n. 9.032/1995 somente pode ser aplicada às concessões ocorridas a partir de sua entrada em vigor"*. Nessa perspectiva, com a consolidação da jurisprudência do STF, em relação às demandas previdenciárias, não há como pugnar pela aplicação da retrospectividade legal, posto que a Suprema Corte pacificou o entendimento que a lei nova não incidiria sobre os benefícios previdenciários já concedidos. Seria admissível assegurar, nesse sentido, que mesmo não sendo pela alegação da existência do direito adquirido, o STF assegurou a pós-atividade legal dos preceitos originários da Lei n. 8.213/1991 no que se refere às pensões por morte concedidas antes de vigência da Lei n. 9.528/1997.

6. CONSIDERAÇÕES FINAIS

Em qualquer das teses, equivalente à majoração dos percentuais das pensões ou da ocorrência da decadência aos benefícios já concedidos, seria um equívoco desmedido acolher argumentos no sentido da não aplicação imediata das leis novas sob a alegação de que a lei só retroage se expressamente o prevê, uma vez que em nenhum dos casos se trataria de aplicação retroativa da lei, posto que não haveria mudança alguma nas situações já materializadas, ou seja, nas parcelas de benefícios já percebidas até o advento das leis novas, que se adaptariam no conceito de atos jurídicos perfeitos.

Entre as quatro formas de aplicação da lei no tempo, a prospectividade, retrospectividade, retroatividade e pós-atividade legal, seria possível alegar que as mais apropriadas em relação aos fatos pendentes seriam a retrospectividade e a pós-atividade, dependendo da matéria a ser abordada.

A retroatividade, no que lhe diz respeito, não é muito bem aceita devido, via de regra, a um desequilíbrio à segurança jurídica. Assim, em relação aos fatos pendentes, ela poderia modificar o que já se passou sob o pálio da lei revogada, comumente ferindo direitos adquiridos.

A prospectividade, por sua vez, só alcançaria fatos gerados sob a vigência de nova lei, repelindo, pois, os fatos pendentes. Logo a retrospectividade consagra os eventos já ocorridos com fundamento na lei revogada, aplicando-se a lei nova aos fatos pendentes a partir do começo de sua vigência.

No entanto, quando em relação aos fatos pendentes se observar a existência de direitos legitimamente adquiridos ou proteção de outros direitos fundamentais, a pós-atividade legal assegura a vigência da lei já revogada para resguarda-los da nova legislação.

Logo, essas duas últimas formas de aplicação da lei consagram-se as mais apropriadas tecnicamente, bem como as que sugerem em uma maior probidade no tratamento dos fatos pendentes.

No entanto, em se tratando de matéria previdenciária, como já abordada, é possível concluir-se que existe entendimento pacificado do STF, no sentido de que não há expectativa de aplicarem-se leis novas com efeitos imediatos, consequentemente, é difícil de compreender e de justificar que o Supremo Tribunal Federal posicione-se de forma diferente daquela, agora em relação à decisão a respeito da incidência ou não da decadência aos benefícios previdenciários já concedidos.

E como é evidente, lamentavelmente, os atos administrativos da Previdência Social têm uma pérfida presunção de veracidade, uma vez que muitos segurados têm seus benefícios negados, e confiam que se o INSS negou é porque realmente não tinham o direito.

Torna-se oportuno, trazer a transcrição do pensamento do ilustre jurista Daniel Machado da Rocha sobre o instituto da decadência. Vejamos:

> é conveniente sinalar que a instituição de um prazo de decadência sobre o direito de revisar da renda mensal inicial poderia, em tese, ofender o direito fundamental à previdência social, uma vez que o prejuízo sofrido pelo segurado tornar-se-ia perpétuo, muitas vezes por fatos que não podem ser imputados à conduta do beneficiário.

Desse modo, a definição do prazo decadencial de forma indiscriminada, viabiliza a Autarquia Previdenciária a possibilidade de lesar, se valer-se de presunção de verdade que o cidadão deposita nela, e depois de 10 anos (art. 103 da Lei n. 8.213/1991) pereniza uma verdadeira ofensa ao direito fundamental aos benefícios de seus segurados.

7. REFERÊNCIAS BIBLIOGRÁFICAS

ASSOCIAÇÃO BRASILEIRA DE NORMAS TÉCNICAS. *NBR 6023*: informação e documentação: referências: elaboração. Rio de Janeiro, 2002.

______. *NBR 6024*: informação e documentação: numeração progressiva das seções de um documento escrito: apresentação. Rio de Janeiro, 2003.

______. *NBR 6027*: informação e documentação: sumário: apresentação. Rio de Janeiro, 2003.

______. *NBR 6028*: informação e documentação: resumo: apresentação. Rio de Janeiro, 2003.

______. *NBR 6033*: ordem alfabética. Rio de Janeiro, 1989.

______. *NBR 10520*: informação e documentação: citações em documentos: apresentação. Rio de Janeiro, 2002.

______. *NBR 14724*: informação e documentação: trabalhos acadêmicos: apresentação. Rio de Janeiro, 2005.

______. *SUPREMO TRIBUNAL FEDERAL*. Disponível em: <http://www.stf.jus.br>. Acesso em: 9 jun. 2012.

CANOTILHO, José Joaquim Gomes. *Direito constitucional e teoria da constituição*. 4. ed. Coimbra: Almedina, 2000.

CARDOZO, José Eduardo Martins. *Da retroatividade da lei*. São Paulo: RT, 1995.

CHIRONI, G. P. *Studio e questiona di decreto civil*. Torino Milanos/Roma: Fratelli Busca, 1914. V. I.

FOLMANN, Melissa; FERRARI, Suzana Andrade (Coord.). *Previdência*: entre o direito social e a repercussão econômica no século XXI. Curitiba: Juruá, 2009.

FRANÇA, Limongi. *A irretroatividade das leis e o direito adquirido*. 3. ed. Refundida e atualizada do "Direito intertemporal brasileiro". São Paulo: RT, 1982.

MAXIMILIANO, Carlos. *Direito intertemporal ou teoria da retroatividade das leis*. São Paulo: Livraria Editora Freitas Bastos, 1946.

MIRANDA, Pontes de. *Tratado de direito privado*. 1. ed. Campinas: Bookseller, 2000. Tomo V NERY Jr., Nelson; NERY, Rosa Maria de Andrade. *Código Civil comentado*. 7. ed. Rev., ampl. e atual. Até 25.08.09. São Paulo: RT, 2009.

NORONHA, Fernando. Indispensável reequacionamento das questões fundamentais de direito intertemporal. *Revista Jurídica*, Porto Alegre, n. 325, p. 38 a 62, nov. 2004.

Retroatividade, eficácia imediata e pós-atividade das leis: sua caracterização correta, como indispensável para solução dos problemas de direito intertemporal. *Revista dos Tribunais*, São Paulo, n. 23, p. 91 a 110, abril-junho 1998.

PEREIRA, Caio Mário da Silva. *Instituições de direito civil*. 19. ed. Rio de Janeiro: Forense, 2001. V. I.

PORCHAT, Reynaldo. *Da retroatividade das leis civis*. São Paulo: Duprat & Com., 1909.

RAMOS, Elival da Silva. *A proteção aos direitos adquiridos no direito constitucional brasileiro*. São Paulo: Saraiva, 2003.

RÁO, Vicente. *O direito e a vida dos direitos*. 3. ed. anotada e atualizada por Ovídio Rocha Barros Sandoval. São Paulo: RT, 1991. V. I.

SAVIGNY, Friedrich Carl von. *Sistema do direito romano atual*. Trad. Ciro Mioranza. Ijuí: Unijuí, 2004. V. VIII.

A Concessão da Aposentadoria da Pessoa Portadora de Deficiência Segurada do Regime Geral da Previdência Social visando a Garantia da Dignidade da Pessoa Humana

Aline Boffa
Graduanda do Quarto Ano em Direito pela Faculdade de Direito de São Bernardo do Campo. Título de Bolsa Mérito em 2012, 2013 e 2014.

Dafne Danielle Aparecida Sobral
Graduanda do Quarto Ano em Direito pela Faculdade de Direito de São Bernardo do Campo. Título de Bolsa Mérito em 2012, 2013 e 2014.

Priscilla Milena Simonato De Migueli
Mestre em Direito Previdenciário pela PUC/SP. Especialista em Direito Previdenciário pela EPDS. Especialista em Direito do Trabalho pela Faculdade de Direito de São Bernardo do Campo. Professora de Direito do Trabalho e Seguridade Social da Faculdade de Direito de São Bernardo do Campo. Advogada. Presidente da Comissão de Cursos do IAPE.

1. INTRODUÇÃO

A Lei Maior vigente no nosso ordenamento jurídico ressalva em seu art. 201, § 1º a adoção de critérios e requisitos diferenciados para a concessão da aposentadoria aos segurados portadores de deficiência inseridos no Regime Geral da Previdência Social.

A redação do artigo supracitado se deu pela Emenda Constitucional n. 47, de 5 de julho de 2005, cuja aplicabilidade ficou por um tempo prejudicada com relação à aposentadoria dos deficientes, uma vez que os seus critérios seriam definidos em lei complementar. Assim, a inexistência da referida lei complementar citada no dispositivo constitucional gerava dificuldades na concessão do benefício, bem como impedia que o deficiente fosse completamente integrado à sociedade. Então, em 8 de maio de 2013 surgiu a Lei Complementar n. 142, que regula exatamente o dispositivo supracitado, no que tange a concessão de aposentadoria da pessoa com deficiência, segurada do Regime Geral de Previdência Social.

Em 3 de dezembro de 2013, o Decreto n. 8.145 alterou o Regulamento da Previdência Social para dispor sobre a aposentadoria por tempo de contribuição e por idade da pessoa portadora de deficiência.

O Instituto Brasileiro de Geografia e Estatística – IBGE estima que hoje aproximadamente quarenta e cinco milhões de brasileiros tenham algum tipo de deficiência. Esta informação revela, portanto, a necessidade e a relevância da concessão de um benefício previdenciário para estas pessoas, sendo a aposentadoria do portador de deficiência.

De acordo com o pensamento de Aristóteles (2001, p. 139): "Devemos tratar igualmente os iguais e desigualmente os desiguais, na medida de sua desigualdade". Este pensamento nos leva justamente em busca da garantia da dignidade da pessoa humana tão prezada pela Constituição Federal de 1988.

As relevantes alterações permitem a devida inclusão social do portador de deficiência e a efetiva garantia de direitos fundamentais, em obediência ao princípio da dignidade da pessoa humana, servindo o presente artigo para elucidar o benefício desta aposentadoria e suas respectivas regras.

2. O CONCEITO DE DEFICIENTE

A fim de permitir a maior compreensão do benefício tratado, torna-se importante esclarecer o conceito de deficiente, que passou por diversas transformações ao longo do tempo.

Em 1955, a Organização Internacional do Trabalho, por meio da Recomendação n. 99, que estabelecia sobre "princípios e métodos de orientação e treinamento profissional, meios de aumentar oportunidades de emprego para os portadores de deficiência" bem como outras disposições sobre o tema, conceituava o deficiente físico como "um indivíduo cujas possibilidades de obter e conservar um emprego adequado são substancialmente reduzidas devido a uma diminuição das capacidades físicas ou mentais".

Este conceito dado pela Recomendação OIT n. 99 foi reiterado na Recomendação OIT n. 168, de 1983 e posteriormente aperfeiçoado na Convenção n. 159, em 1º de junho de 1983.

Em um momento posterior, a Assembleia Geral da Organização das Nações Unidas acabou por conceituar o deficiente físico com base da Resolução n. 3.447, de 9 de dezembro de 1975, cujo art. 1º dispõe que o "termo 'pessoas deficientes' refere-se a qualquer pessoa incapaz de assegurar por si mesma, total ou parcialmente, as necessidades de uma vida individual ou social normal, em decorrência de uma deficiência, congênita ou não, em suas capacidades físicas ou mentais".

O Decreto Federal n. 3.298 de 20 dezembro de 1999, que regulamenta a Lei n. 7.853, de 24 de outubro de 1989 e dispõe sobre a Política Nacional para a Integração da Pessoa Portadora de Deficiência, define o deficiente físico da seguinte forma no inciso I de seu art. 3º "toda perda ou anormalidade de uma estrutura ou função psicológica, fisiológica ou anatômica que gere incapacidade para o desempenho de atividade, dentro do padrão considerado normal para o ser humano", e no artigo seguinte esclarece sobre as várias espécies de deficiência.

O novo texto constitucional adotou a expressão "pessoas portadoras de deficiência", que substituíram as expressões anteriores "deficiente" e "excepcional". Contudo, a ideia de "portar" ou "carregar" deficiência não é considerada mais apropriada. Nesse sentido, a Convenção sobre os Direitos das Pessoas com Deficiência emprega expressão mais atual e mais correta: a pessoa possui uma deficiência, ou seja, não mais "carrega-se" a deficiência.

Usualmente, a deficiência é compreendida como tendo por base as noções da medicina especializada e com base em padrões aceitos ao redor do mundo, que caracterizam qualquer tipo de dificuldade para a integração da pessoa no meio social.

Deficientes são os que têm uma falha seja esta sensorial, seja com relação à capacidade de se movimentar ou até mesmo uma falha cognitiva. É relevante ressaltar, contudo, que a falta não se encontra no indivíduo, mas na dificuldade que esta pessoa encontra no seu relacionamento com o restante da coletividade.

A definição do indivíduo como sendo deficiente não se dá por sua constituição física ou mesmo pela redução de sua capacidade de enxergar ou ouvir, mas o embaraço que encontra para se incluir na sociedade. Uma vez definido o grau de dificuldade para a inclusão social, será definido se o sujeito possui ou não qualquer deficiência.

Nesse sentido, a Lei Complementar n. 142/2013 oferece expressamente o conceito de deficiente em seu art. 2º da seguinte forma:

> Considera-se pessoa com deficiência aquela que tem impedimentos de longo prazo de natureza física, mental, intelectual ou sensorial, os quais, em interação com diversas barreiras, podem obstruir sua participação plena e efetiva na sociedade em igualdade de condições com as demais pessoas.

Tal disposição reproduziu o teor do art. 1º da Convenção Internacional sobre os Direitos das Pessoas com Deficiência e seu Protocolo Facultativo, assinados em Nova York, em 30 de março de 2007 (promulgada pelo Decreto n. 6.949, de 25 de agosto de 2009), que dispõe: Art. 1º Pessoas com deficiência são aquelas que têm impedimentos de longo prazo de natureza física, mental, intelectual ou sensorial, os quais, em interação com diversas barreiras, podem obstruir sua participação plena e efetiva na sociedade em igualdades de condições com as demais pessoas.

Proteção semelhante também pode ser encontrada no art. 20, § 2º, da Lei n. 8.742/1993, para fins de concessão do benefício assistencial ao portador de deficiência, considerando-se pessoa com deficiência aquela que tem impedimentos de longo prazo de natureza física, mental, intelectual ou sensorial, os quais, em interação com diversas barreiras, podem obstruir sua participação plena e efetiva na sociedade em igualdade de condições com as demais pessoas.

Tais disposições são de extrema relevância, não se reduzindo a simplesmente em estabelecer as deficiências, mas de aferir seu grau com base no caso concreto e particular de cada pessoa.

1.1. Princípio da dignidade da pessoa humana

A Declaração dos Direitos do Homem e do Cidadão, proclamada pela Organização das Nações Unidas de 1948 traz em seu art. 1º que: "Todos os homens nascem livres e iguais em dignidade e direitos."

A Constituição Federal de 1988 traz este mesmo pensamento, pois surgiu em um contexto de busca da realização de direitos fundamentais do indivíduo nas mais diferentes áreas. Elegendo o Estado Democrático de Direito, o qual se destina a assegurar o exercício dos direitos sociais e individuais, assim como o bem-estar, a igualdade, a justiça social, o desenvolvimento, foi incorporado expressamente ao seu texto o princípio da dignidade da pessoa humana como valor supremo, definindo-o como fundamento da República.

A dignidade da pessoa humana, como princípio fundamental, constitui a base para toda a ordem jurídica, caracterizando-se indispensável para a ordem social. Se não houver respeito pela vida e pela integridade física e moral do ser humano, afastando-se as condições mínimas para a existência de uma vida digna, ou seja, onde os direitos fundamentais não forem reconhecidos e minimamente assegurados, não haverá espaço para a dignidade da pessoa humana, correndo-se o risco de ser mero objeto de arbítrio e injustiças. (SARLET, 2001, p. 59).

A aposentadoria do deficiente, nas palavras de João Marcelino Soares (2014), protege a minoria, a fim de que haja a efetiva justiça social:

> Esta proteção às minorias encontra agudo interesse no Direito Previdenciário que, por detrás de toda sua edificação científica, não passa de um instrumento de proteção da sociedade e do indivíduo, com atenuação de riscos sociais, tutela da dignidade e emancipação civilizatória do sujeito, possibilitando que este desenvolva com tranquilidade sua personalidade e potencialidade.

Por estas razões aqueles que possuem uma deficiência não podem ser desamparados pelo Estado, devendo haver efetividade na garantia dos direitos individuais. O referido princípio está intimamente ligado à concessão do benefício previdenciário tratado neste artigo.

3. A APOSENTADORIA DO DEFICIENTE NA CONSTITUIÇÃO FEDERAL DE 1988

A redação original do art. 201, II, da Constituição Federal de 1988 previa que a aposentadoria por tempo de serviço do Regime Geral da Previdência Social poderia ter critérios diferenciados, tendo em vista as atividades exercidas em condições especiais que prejudicassem a saúde e integridade física do segurado.

A Emenda Constitucional n. 20, de 15 de dezembro de 1998 provocou alterações, determinando que as aposentadorias do Regime Geral da Previdência Social não poderiam ter critérios e requisitos diferenciados, exceto nos casos de atividades exercidas sob condições especiais que prejudicassem a saúde ou a integridade física do segurado, exigindo-se, entretanto, a edição de lei complementar a fim de regulamentar estas exceções.

De maneira semelhante, o art. 201, § 1º, da Constituição Federal de 1988, em sua redação mais recente impede a utilização de requisitos e critérios diferenciados para a concessão de aposentadoria no Regime Geral da Previdência Social, excetuando-se os casos de atividades exercidas em condições especiais ou quando se tratar de "portadores" de deficiência.

Percebe-se que os requisitos e critérios diferenciados exigidos pelo texto constitucional estão condicionado a regulamentação por meio de lei complementar. Tal providência somente foi efetivada em 8 de maio de 2013, por meio da Lei Complementar n. 142, que regulamenta especificamente a concessão de aposentadoria ao deficiente segurado do Regime Geral de Previdência Social.

A regra trazida garante ao segurado da Previdência Social, com deficiência, o direito à aposentadoria por idade e também à aposentadoria por tempo de contribuição com tempo variável, de acordo com o grau de deficiência, seja leve, moderada ou grave, avaliado pelo INSS.

3.1. Condições para concessão da aposentadoria

A concessão da aposentadoria por idade e também a aposentadoria por tempo de contribuição pelo Regime Geral da Previdência Social à pessoa com deficiência necessita da avaliação do Instituto Nacional de Seguro Social – INSS, para a comprovação da deficiência e o seu respectivo grau.

A Lei Complementar n. 142 foi sancionada em maio de 2013, entretanto somente em dezembro de 2013 o Decreto n. 8.145 regulamentou o parágrafo único do art. 3º da referida Lei, no tocante à avaliação médica e funcional. Portanto, durante este período, o benefício ainda não era concedido, por depender da avaliação do médico perito na análise do grau da deficiência do segurado e a informação da data em que a limitação começou a se manifestar.

A referida legislação traz como novidade a gradação de deficiência, que pode ser caracterizada como severa, moderada ou leve, cujo detalhamento foi regulamentado por parte do poder executivo. Após a definição do grau de deficiência, a lei assegura em seu art. 3º que a concessão da aposentadoria pelo Regime Geral da Previdência Social é devida ao segurado empregado, inclusive o doméstico, trabalhador avulso, contribuinte individual e facultativo,

Assim, nas hipóteses de deficiência leve, o segurado homem deverá se aposentar com 33 (trinta e três) anos de tempo de contribuição, a mulher, por outro lado, se aposentará aos 28 (vinte e oito) anos de tempo de contribuição. Nos casos de deficiência moderada, o segurado homem se aposentará aos 29 (vinte e nove) anos de tempo de contribuição e, a mulher, aos 24 (vinte e quatro) anos de tempo de contribuição.

Na situação em que for identificada deficiência grave, os segurados homem e mulher serão aposentados nos respectivos tempos de contribuição, de 25 (vinte e cinco) e 20 (vinte) anos de tempo de contribuição.

Acrescenta o dispositivo que independente de grau de deficiência, serão aposentados aos 60 (sessenta) anos de idade (no caso de segurado homem) e 55 (cinquenta e cinco) anos (se mulher), desde que em ambos os casos houver um tempo mínimo de 15 (quinze) anos de tempo de contribuição, comprovada a existência de deficiência neste mesmo período.

3.2. Classificação da deficiência

A classificação da deficiência médica e funcional, citada no art. 4º da Lei Complementar n. 142 se dará em três graus, sendo: leve, moderado ou grave. A avaliação pericial médica e social, no qual o fator limitador será o meio em que a pessoa está inserida e não a deficiência em si, remetendo à Classificação Internacional de Funcionalidades – CIF da Organização Mundial da Saúde – OMS.

O segurado será avaliado pela perícia médica, que considerará tanto os aspectos funcionais físicos da deficiência, os impedimentos nas funções e nas estruturas do corpo e as atividades que aquele determinado segurado desempenha.

Neste ponto, é necessário compreender que a doença é distinta da funcionalidade. Enquanto a doença é um estado patológico do organismo, ou seja, decorre de uma alteração de uma estrutura ou função do corpo e nem sempre leva à incapacidade, a funcionalidade pode ser compreendida como a relação entre as estruturas e funções do corpo com as barreiras ambientais que poderão levar a restrição de participação da pessoa na sociedade, ou seja, como a deficiência faz com que o segurado interaja no trabalho, em casa, na sociedade.

Já na avaliação social, a consideração será das atividades que desempenhadas pelo deficiente no ambiente social, no seu lar e também sua atividade laborativa.

As duas avaliações, médica e social, definirão a limitação do desempenho de atividades e a restrição de participação do indivíduo no seu dia a dia. Exemplificando, um trabalhador na condição de cadeirante que possui um veículo adaptado para o seu transporte e não depende de outro transporte para chegar ao seu local de trabalho pode ter a gradação da deficiência elencada como moderada. Já um trabalhador nesta mesma condição com necessidade de se locomover para o trabalho utilizando o transporte público pode ter a gradação da sua deficiência considerada grave.

O grau da deficiência será sempre avaliado, para isso o Ministério da Previdência Social e o Instituto Nacional do Seguro Social – INSS, com a participação das entidades de pessoas portadora de deficiência adequaram um instrumento para ser aplicado nas avaliações da deficiência dos segurados.

Este instrumento previsto no art. 5º da Lei estudada não cita qual o instrumento para definição do grau de deficiência, apenas diz que será desenvolvido para este fim. Assim, após a reunião dos entes supracitados chegou-se a um questionário para a composição da gradação da deficiência.

Em 27 de janeiro de 2014 foi publicada a Portaria Interministerial AGU/MPS/MF/SEDH n. 1, que aprovou o instrumento destinado à avaliação do segurado e à identificação dos graus de deficiência, assim como definiu impedimento de longo prazo para o cumprimento do que foi regulamentado nas novas regras dessa aposentadoria. Impedimento de longo prazo é aquele que produz efeitos de natureza física, mental, intelectual ou sensorial pelo prazo mínimo e ininterrupto de dois anos.

Segundo essa portaria, cujo destinatário principal foi o médico perito, o segurado deverá ter uma avaliação médica e também funcional, cuja base do conceito de funcionalidade é o disposto na Classificação Internacional de Funcionalidade, Incapacidade e Saúde (CIF), da Organização Mundial da Saúde (OMS).

Anexo à Portaria, a Previdência Social traz o Índice de Funcionalidade Brasileiro (IFBrA), criado especialmente para a classificação e concessão da aposentadoria da pessoa com deficiência.

O questionário levará em consideração o tipo de deficiência e como ela se aplica nas funcionalidades do trabalho desenvolvido pelo deficiente, levando em consideração não somente o ambiente laboral, mas também o aspecto pessoal e social. A avaliação da pessoa portadora de deficiência será realizada para fazer prova dessa condição exclusivamente para fins previdenciários.

Há a questão da comprovação de barreiras externas, como os fatores ambientais e também sociais. No que tange a estas barreiras, o Ministério da Previdência Social julga necessária a devida avaliação pelo perito médico e pelo assistente social do INSS, por meio de entrevista com o segurado e, se necessário, com as pessoas que convivem com ele. Caso não seja possível chegar a uma conclusão por restarem dúvidas, poderão ser realizadas visitas ao local de trabalho e/ou residência do avaliado, bem como a solicitação de informações médicas e sociais, como laudos médicos, exames, atestados, laudo do Centro de Referência de Assistência Social – CRAS, entre outros.

O objetivo desse instrumento foi produzir, por meio da elaboração minuciosa da história clínica e social do segurado deficiente, um parecer resumido dos principais elementos mais relevantes, pontuando-os em cada atividade. Essas informações serão analisadas e acrescidas à identificação das barreiras externas, cujos pontos serão somados para definição se há ou não deficiência e, em caso positivo, qual o seu grau.

Desta forma, a perícia médica e social levam em consideração as atividades e barreiras que interferem no dia a dia e os fatores funcionais, isto é, o contexto de vida e trabalho. Não sendo suficiente a patologia ou perda da função, pois a análise é particular, de caso a caso, levando-se em consideração a funcionalidade.

3.3. A aposentadoria por tempo de contribuição

A Lei Complementar n. 142 incluiu novas regras relacionadas à redução do tempo de contribuição para a concessão da aposentadoria por tempo de contribuição da pessoa portadora de deficiência.

A concessão deste benefício somente se dará no caso de o segurado estar na condição de deficiente no momento do requerimento ou quando tiver completado os requisitos mínimos exigidos. O marco inicial para a análise do direito adquirido é a vigência da Lei Complementar n. 142, de 8 de maio de 2013 e o art. 70-A do Decreto n. 8.145, de 3 de dezembro de 2013.

Os requisitos necessários para que se tenha direito ao recebimento da aposentadoria por tempo de contribuição são: condição de segurado do Regime Geral da Previdência Social; deficiência há pelo menos dois anos na data do pedido de agendamento; comprovação da carência mínima de cento e oitenta meses de contribuição; comprovação do tempo mínimo de contribuição, de acordo com o grau de deficiência referido nos incisos I, II e III, supracitados.

O segurado que após a filiação ao Regime Geral da Previdência Social tornar-se pessoa portadora de deficiência, ou tiver seu grau alterado, ou que contribuiu alternadamente, ora na condição de pessoa portadora de deficiência, e ora na condição de pessoa sem deficiência ou ainda no caso de existência de mais de um grau de deficiência, poderá ter os respectivos períodos somados, após a aplicação da conversão de que tratam as tabelas abaixo, observando o grau preponderante de maior tempo:

MULHER				
TEMPO A CONVERTER GRAU DE DEFICIÊNCIA	**PARA 20 GRAVE**	**PARA 24 MODERADA**	**PARA 28 LEVE**	**PARA 30 NORMAL**
De 20 anos (Grave)	1,00	1, 20	1,40	1,50
De 24 anos (Moderada)	0,83	1,00	1,17	1, 25
De 28 anos (Leve)	0,71	0,86	1,00	1,07
De 39 anos (Normal)	0,67	0,80	0,93	1,00
HOMEM				
TEMPO A CONVERTER GRAU DE DEFICIÊNCIA	**PARA 25 GRAVE**	**PARA 29 MODERADA**	**PARA 33 LEVE**	**PARA 35 LEVE**
De 25 anos (Grave)	1,00	1,16	1,32	1,40
De 29 anos (Moderada)	0,86	1,00	1,14	1, 21
De 33 anos (Leve)	0,76	0,88	1,00	1,06
De 35 anos (Normal)	0,71	0,83	0,94	1,00

Assim, a certidão referente ao tempo de contribuição com deficiência deverá identificar os períodos com deficiência e seus graus.

Entretanto, a conversão do tempo de contribuição não será admitida na condição de pessoa portadora de deficiência para fins de concessão da aposentadoria especial de que trata o art. 57 da Lei n. 8.213/1991:

> Art. 57. A aposentadoria especial será devida, uma vez cumprida a carência exigida nesta Lei, ao segurado que tiver trabalhado sujeito a condições especiais que prejudiquem a saúde ou a integridade física, durante 15 (quinze), 20 (vinte) ou 25 (vinte e cinco) anos, conforme dispuser a lei.

Quanto à conversão de tempo, é também admitido que o tempo de contribuição seja convertido para fins de aposentadoria, desde que cumprido em condições especiais e que prejudiquem a saúde ou a integridade física do segurado, se resultado for mais favorável ao segurado, conforme a seguinte tabela:

TEMPO A CONVERTER	MULHER				
	MULTIPLICADORES				
	Para 15	Para 20	Para 24	Para 25	Para 28
De 15 anos	1,00	1,33	1,60	1,67	1,87
De 20 anos	0,75	1,00	1, 20	1, 25	1,40
De 24 anos	0,63	0,83	1,00	1,04	1,17
De 25 anos	0,60	0,80	0,96	1,00	1,12
De 28 anos	0,54	0,71	0,86	0,89	1,00
	HOMEM				
TEMPO A CONVERTER	MULTIPLICADORES				
	Para 15	Para 20	Para 24	Para 25	Para 28
De 15 anos	1,00	1,33	1,67	1,93	2,20
De 20 anos	0,75	1,00	1, 25	1,45	1,65
De 24 anos	0,60	0,80	1,00	1,16	1,32
De 25 anos	0,52	0,69	0,86	1,00	1,14
De 28 anos	0,45	0,61	0,76	0,88	1,00

O grau de deficiência preponderante será definido como sendo aquele no qual o segurado cumpriu maior tempo de contribuição, antes da conversão, que servirá como referência para definição do tempo mínimo necessário para a aposentadoria por tempo de contribuição do deficiente, bem como para conversão.

A data de início do benefício será definida a partir da data do desligamento do emprego, quando requerida até noventa dias após o desligamento, ou a partir da data da entrada do requerimento, quando não houver desligamento do emprego ou quando for requerida após noventa dias do desligamento.

Outra vantagem deste benefício é a possibilidade da pessoa portadora de deficiência ter direito a não aplicação do fator previdenciário quando dele resultar decréscimo na renda a ser recebida. Entretanto, se o fator previdenciário favorecer a elevação da renda, poderá ele ser aplicado.

As regras de pagamento e de recolhimento das contribuições são iguais as das demais contribuições previdenciárias, isto é, obedece ao regramento previsto na Lei n. 8.212/1991.

É necessário atentar que a aposentadoria por tempo de contribuição da pessoa portadora de deficiência poderá ser cancelada a pedido do segurado. Para que isto ocorra, este segurado deve não ter recebido o primeiro pagamento do benefício ou sacado o PIS/FGTS, o que ocorrer primeiro.

3.3.1. *Contagem do tempo de contribuição*

O art. 6º da Lei afirma que será objeto de comprovação exclusivamente na forma desta Lei Complementar a contagem de tempo de contribuição na condição de segurado com deficiência.

Assim, caso a deficiência seja anterior à data de vigência desta Lei deverá ser certificada, incluindo a gradação verificada na primeira avaliação, sendo obrigatória a fixação de uma data provável ao início da deficiência.

Entretanto, não será admitida por meio de prova exclusivamente testemunhal a comprovação de tempo de contribuição na condição de segurado portador de deficiência em período anterior à entrada em vigor desta Lei.

Caso, o segurado após a filiação ao RGPS se tornar uma pessoa portadora de deficiência, ou tiver a gradação de sua deficiência alterada, os parâmetros já citados no art. 3º da Lei serão ajustados de forma proporcional, levando em consideração o número de anos em que o segurado exerceu sua atividade no trabalho sem deficiência e com deficiência, de acordo com o grau correspondente ao especificado no Decreto n. 8.145, de 3 de dezembro de 2013.

A critério do INSS, o segurado com deficiência deverá, a qualquer tempo, submeter-se a perícia própria para avaliação ou reavaliação do grau de deficiência.

3.4. Aposentadoria por idade

A aposentadoria por idade, assim como a aposentadoria por tempo de contribuição depende de determinados requisitos para que o segurado a receba, são eles: condição de segurado do Regime Geral da Previdência Social; deficiência na data do agendamento, também chamado de requerimento, a partir de 4 de dezembro de 2013; idade mínima de sessenta anos, se homem, e cinquenta e cinco anos, se mulher; comprovar carência de cento e oitenta meses de contribuição ou atividade rural, conforme o caso; e quinze anos de tempo de contribuição (urbano ou rural) na condição de pessoa com deficiência, não importando se filiado antes ou depois de 23 de julho de 1991.

O último requisito supracitado deve ser simultâneo com a condição de pessoa portadora de deficiência, independente do grau. A conversão do tempo de contribuição cumprido nos diferentes graus de deficiência para fins de obtenção do tempo mínimo não será aplicada. O segurado especial não tem direito a redução da idade em cinco anos, pois sua aposentadoria é concedida aos cinquenta e cinco anos de idade se mulher e sessenta anos de idade, se homem.

A data de início do benefício será a partir da data do desligamento do emprego, quando requerida até noventa dias após o desligamento, ou a partir da data da entrada do requerimento, quando não houver desligamento do emprego quando for requerida após noventa dias do desligamento.

Assim como na aposentadoria por tempo de contribuição, há a possibilidade da pessoa portadora de deficiência ter direito a não aplicação do fator previdenciário quando dele resultar decréscimo na renda a ser recebida. Entretanto, se o fator previdenciário favorecer a elevação da renda, poderá ele ser aplicado.

As regras de pagamento e de recolhimento das contribuições são iguais as das demais contribuições previdenciárias, isto é, não há diferença neste sentido.

Este benefício será encerrado com a morte do segurado. Havendo o falecimento do segurado, o membro da família deve comparecer na Agência da Previdência Social, devendo apresentar a Certidão de Óbito, para que faça a solicitação da cessação do benefício.

É vedado que os familiares realizem saques dos pagamentos após a morte do titular, do contrário, terão que ressarcir os valores sacados, pois os valores residuais poderão ser repassados para os dependentes, mediante a concessão do benefício pensão por morte. Quanto ao segurado que já está recebendo o benefício, seu trabalho não é vedado, se ele assim desejar, poderá continuar no trabalho.

No caso de um segurado que já se aposentou por invalidez, poderá ele requerer a Aposentadoria ao Deficiente. Para isto, a aposentadoria por invalidez deverá ser cessada por alta médica ou retorno a atividade laboral, após análise a ser realizada pelo INSS.

3.5. Renda mensal

Determinados percentuais especificados no art. 8º desta Lei serão aplicados para conclusão da renda mensal da aposentadoria devida ao segurado portador de deficiência, que será calculada aplicando-se sobre o salário de benefício, já definido pelo art. 29 da Lei n. 8.213/1991:

No caso da aposentadoria por tempo de contribuição do portador de deficiência será aplicado cem por cento. Para a aposentadoria por idade do portador de deficiência, será aplicado setenta por cento mais um por cento do salário de benefício por grupo de doze contribuições mensais até o máximo de trinta por cento.

No tocante ao fator previdenciário, aplica-se nas aposentadorias, se resultar em renda mensal de valor mais elevado, é o que determina o inciso I do art. 9º.

A lei ainda leva em consideração a compensação financeira dos regimes, pois será aplicada a contagem recíproca do tempo de contribuição na condição de segurado com deficiência relativa à filiação ao Regime Geral da Previdência Social, ao Regime Próprio de Previdência do servidor público ou a Regime de Previdência Militar.

Ainda que as pessoas com deficiência tenham a redução da idade de cinco anos, no caso da aposentadoria por idade e a redução do tempo de contribuição de dois, seis ou dez anos de acordo com o grau de deficiência na aposentadoria por tempo de contribuição, poderá perceber de qualquer outra espécie de aposentadoria estabelecida na Lei n. 8.213/1991 que lhe seja mais vantajosa do que as opções apresentadas por esta Lei Complementar.

É necessário salientar ainda, que a redução do tempo de contribuição prevista nesta Lei Complementar não poderá ser acumulada, no tocante ao mesmo período contributivo, com a redução assegurada aos casos de atividades exercidas em condições especiais que possam prejudicar a integridade física ou até mesmo a saúde.

4. CONSIDERAÇÕES FINAIS

Visando reduzir as desigualdades sociais e atender ao princípio da dignidade da pessoa humana se busca a evolução, bem-estar da sociedade e o progresso do Estado Democrático de Direito. Esta é a razão da importância da concessão de benefícios previdenciários.

A deficiência não deve servir como obstáculo para a inserção do indivíduo no meio profissional, devendo o Estado por meio de ações afirmativas buscar a integração plena e efetiva do deficiente, assim considerado aquele que "tem impedimentos de longo prazo de natureza física, mental, intelectual ou sensorial, os quais, em interação com diversas barreiras, podem obstruir sua participação plena e efetiva na sociedade em igualdade de condições com as demais pessoas".

O objetivo de atender ao texto constitucional regulamentando a aposentadoria do portador de deficiência foi alcançado pela Lei Complementar n. 142, de 8 de maio de 2013 em conjunto com o Decreto n. 8.145, de 3 de dezembro de 2013.

Trata-se de uma importante conquista para os portadores de necessidades especiais, ainda que este benefício seja objeto de muitas discussões administrativas e judiciais, pois definir se a deficiência é grave, moderada ou leve não é tarefa fácil e certamente permitirá inúmeras discussões judiciais, seja pelo grau da deficiência, pela data provável de início, ou mesmo pela data em que houve mudança da graduação da deficiência, entre outras várias questões que clamam por um embate hermenêutico.

Entretanto, deve-se relevar que a lei é vantajosa no sentido de que estas pessoas terão direito a redução da idade de cinco anos na aposentadoria por idade ou de dois, seis ou dez anos, conforme o grau de deficiência, além da aplicação do fator previdenciário apenas na hipótese de aumento da renda mensal, proporcionando ao segurado um valor de benefício de acordo com as contribuições vertidas para o sistema.

Assim, a avaliação da deficiência de um ponto de vista médico e social, em que o segurado será avaliado em aspectos médicos, funcionais, pessoais e sociais, revelam a valorização do ser humano visando a concretização do principio constitucional da dignidade da pessoa humana e a valorização social do trabalho.

5. REFERÊNCIAS BIBLIOGRÁFICAS

ALMEIDA, Evelise. *A legislação aplicável às pessoas portadoras de necessidades especiais:* o respeito aos Princípios da Dignidade da Pessoa Humana e da Igualdade, à luz da Teoria Garantista. Itajaí: UNIVALI, 2004.

ALVES, Cléber Francisco. *O princípio constitucional da dignidade da pessoa humana:* o enfoque da doutrina social na igreja. Rio de Janeiro: Renovar, 2001.

ARISTÓTELES. *Ética a Nicômaco.* Trad. de Pietro Nasseti. São Paulo: Martin Claret, 2001.

BARROS, Alice Monteiro de. *Curso de Direito do Trabalho.* São Paulo, LTr, 2005.

BELTRAN, Ari Possidonio. *Direito do Trabalho e Direitos Fundamentais.* São Paulo, LTr, 2002.

BOBBIO, Norberto. *A era dos direitos.* 8. ed. Rio de Janeiro, Campu, 1992.

CAMOLESI, Marcos Roberto Haddad. *O direito à inclusão da pessoa portadora de deficiência à luz da legislação brasileira.* Jus Navigandi, Teresina, a. 8, n. 242, 6 mar. 2004. Disponível em: <http://jus.com.br/artigos/4928/o-direito-de-inclusao-da-pessoa-portadora-dedeficiencia-a-luz-da-legislacao-brasileira>.

CAVALCANTE, Jouberto de Quadros Pessoa; JORGE NETO, Francisco Ferreira. *O portador de deficiência no mercado formal de trabalho.* Jus Navigandi, Teresina, a. 5, n 51, out. 2001. Disponível em: <http://jus.com.br/artigos/2132/o-portador--de-deficiencia-nomercado-formal-de-trabalho>.

FONSECA, Ricardo Tadeu Marques da. O trabalho protegido do portador de deficiência. In: *Direitos da pessoa portadora de deficiência*, coleção advocacia pública (IBAP). São Paulo, Max, Limonad.

GOMES, Joaquim Benedito Barbosa. As ações afirmativas e os processos de promoção da igualdade efetiva. In: *Seminário internacional – as minorias e o direito.* Série Cadernos do CEJ, 24, Centro de Estudos Judiciários p. 95-132.

IBRAHIM, Fábio Zambitte. *Curso de Direito Previdenciário.* São Paulo, Impetus, 2015.

LEITÃO, André Studart; MEIRINHO, Augusto Grieco Sant´Anna. *Manual de Direito Previdenciário.* São Paulo, Saraiva, 2014.

NUNES, Luiz Antônio Rizzatto. *O princípio constitucional da dignidade da pessoa humana:* doutrina e jurisprudência. São Paulo: Saraiva, 2002.

OLIVEIRA, Sebastião Geraldo de. *Proteção jurídica aos trabalhadores portadores de deficiência*: o princípio constitucional da igualdade: ação afirmativa. São Paulo, LTr, 2004.

SARLET, Ingo Wolfgang. *Dignidade da pessoa humana e direitos fundamentais na Constituição Federal de 1988.* Porto Alegre: Livraria do Advogado, 2001.

SILVA, André Pataro Myrrha de Paula e. Os princípios constitucionais da igualdade e da dignidade do ser humano e a permanência do deficiente físico no serviço público. In: *BDM Boletim de Direito Municipal.* V.28, n.11, nov. 2012, p. 782-791.

SOARES, João Marcelino. *Aposentadoria dos Portadores de Deficiência.* São Paulo, Juruá, 2014.

______. Considerações preliminares sobre a Lei Complementar n. 142/2013. *Revista Brasileira de Direito Previdenciário*, v. 3, n. 15, p. 34-45, jun./jul., 2013. Disponível em: <http://www.lex.com.br/doutrina_25953222_CONSIDERACOES_PRELIMINARES_SOBRE_A_LEI_COMPLEMENTAR_N_142_2013.aspx>.

Assédio Moral no Ambiente de Trabalho: relevância, consequências e meios de provas

Camila Caroline Ferreira Gomes
Pós-Graduanda em Direito do Trabalho e Previdenciário II pelas Faculdades Santo Agostinho.

1. INTRODUÇÃO

A palavra trabalho origina-se do latim vulgar *tripliare*[1] que significa martírio, procedente de uma antiga técnica de sofrimento em que um condenado era posto em três paus fincados no chão. A essência desse vocábulo remete a uma ideia de dor, padecimento. Demonstrando com isso como eram as relações trabalhistas entre empregado e patrão, ou seja, de subserviência.

Diante desse conceito e os vários modelos de segmentos trabalhistas que nos deparamos ao longo dos tempos, podemos perceber que houve notórias mudanças no que se refere às questões de trabalho e seus vínculos empregatícios. Com o passar dos tempos, as preocupações com as relações trabalhistas começaram a surgir e o homem em uma tentativa de amenizar os conflitos, de garantir seus direitos e se proteger buscou elaborar leis especificas que regessem o ambiente trabalhista assegurando, assim, tanto os empregados quando os empregadores.

A aprovação das leis do trabalho propiciou muitos direitos e deveres e impediu que certos dilemas surgissem ou perdurasse nesse meio. Diante de tantas situações dificultosas como abuso de autoridade, desrespeito às normas, falta de profissionalismo, temos o tema que culminou nesse texto: assédio moral.

É sabido que o assédio moral não é uma circunstância que acomete, apenas, na relação empregatícia, mas qualquer ambiente que mantenha o mínimo de coletividade como, por exemplo, colégios, congregações religiosas, associações militares. Porém, ateremos nosso estudo, exclusivamente, na esfera trabalhista.

Nosso objetivo é realizar uma análise sobre assédio moral no ambiente trabalhista destacando a relevância desse tema e, principalmente, a eficácia nos meios de comprovação de um possível caso de perseguição no trabalho.

Explanaremos a pesquisa mediante uma análise bibliográfica e documental na área do Direito Trabalhista,

---

(1) BUENO, Silveira. Minidicionário da língua portuguesa. ed. rev. e atual. São Paulo: FTD, 2000. p. 334. – Etimologia, s.f. Parte da linguística que estuda a origem e o significado das palavras. In: SILVA, Jaqueline Heldt da. *Assédio moral nas relações de trabalho frente ao princípio da dignidade da pessoa humana*. Disponível em: <http://www.assediomoral.org/IMG/pdf/Assedio_Moral_nas_relacoes_de_trabalho.pdf>. Acesso em: 15 jun. 2016.

Constitucional e Civil tendo como fonte de investigação a doutrinária e jurisprudencial. Adentrando um pouco em ramos da Sociologia e Psicologia.

Portanto, dividimos o artigo em 3 capítulos: no primeiro, conterá o Referencial Teórico em que explanaremos sobre a história do trabalho, conceito sobre o assédio moral e suas consequências, além de dispor sobre os meios de provas mais eficazes. No segundo, definiremos a metodologia utilizada. E, por fim, as considerações finais.

2. BREVE CONTEXTUALIZAÇÃO HISTÓRICA

Desde os primórdios da criação do mundo, segundo o livro de Gênesis, nota-se que o trabalho é tratado como pena; como uma forma de redimir-se, nesse caso, do pecado original, carregando uma concepção de ônus. Alguns historiadores confirmam isso com a própria etimologia da palavra trabalho que está, intimamente, atrelada a tortura, sendo seu significado concatenado a ideia de cansaço, dor. Dessa maneira, qualquer tipo de esforço físico e intelectual no intuito de realizar qualquer atividade conceitua trabalho (Furquim, 2001).

Essa ideologia de martírio transcendeu gerações influenciando muitos modelos de trabalho ao longo dos tempos. Em uma análise cronológica, observamos que, desde a antiguidade clássica, o regime de escravidão dominava os povos egípcios, gregos e os romanos. Viana (*apud* Reis, 2012) relata que naquele tempo a escravidão era algo justo e necessário, de maneira que em seus escritos Aristóteles deixou evidente que para a ascensão financeira o melhor caminho era a subordinação.

Em uma segunda instância, esse espécime de trabalho foi dando lugar para a servidão, ou seja, o feudalismo (XVI) – em que mesmo perdendo o título de escravo, não se desfrutava da liberdade –. Com o advento da Revolução Industrial – iniciada na Inglaterra, século XVII – o padrão de trabalho modificou-se, isto é, a preocupação capitalista remodelou o sistema formalizando as relações entre patrão e empregado em uma perspectiva de trabalho de execução livre; contudo, as condições decentes ainda eram utopia.

A chegada da Revolução Francesa (1789), arraigada de convicções iluministas com ideologia de liberdade política e econômica, reconheceu o Direito Social e Trabalhista e pessoalizou o trabalhador, antes visto como objeto. Partindo-se desse episódio da história, as pessoas começaram a preocupar-se com empregado enquanto ser humano e para assegurar os direitos e deveres desse indivíduo necessitou-se universalizar as normas de proteção ao trabalho. Na conferência geral da Organização Internacional do Trabalho, instituíram-se os fins e objetivos da OIT oficializando as ações. Podemos citar também a Declaração dos Direitos Humanos (1948) que demonstra um cuidado com a dignidade do trabalhador e as condições que permeiam o ambiente trabalhista. Comprovamos isso no art. 4º da OIT, que dispõe sobre a proibição de qualquer um ao regime de escravidão ou servidão, sob nenhuma hipótese isso poderia ser descumprido.

O Brasil teve como modelo de trabalho, exclusivamente, a escravidão de índios e escravos que não dispunham de personalidade jurídica. Com a chegada, mesmo tardia, dos ideários da revolução francesa iniciaram-se as preocupações com as medidas sociais. A Constituição de 1988 reforça isso quando procura proteger não somente o trabalho humano bem como sua dignidade. O art. 170 da Constituição Federal, prevê que "a ordem econômica, fundada na valorização do trabalho humano e na livre-iniciativa, tem por fim assegurar a todos existência digna, conforme os ditames da justiça social, [...]" (BRASIL, 2003). Assim sendo, esse cenário de socialização dentro do âmbito trabalhista aconteceu de maneira geral, de modo que se criou normas para que resguardasse e demarcasse os direitos e deveres do empregador e empregado.

Contudo, o interesse do nosso artigo está no amparo jurídico dado as vítimas de agressão moral no trabalho. Especificamente, no Brasil, as leis cuidam de maneira geral dos trabalhadores e suas relações trabalhistas. A CLT, por exemplo, retrata indiretamente desse assunto quando tenta proteger a saúde do indivíduo. No entanto, podemos afirmar veementemente que nesse período ainda não havia legislação específica que discutisse dessa temática apesar de a Constituição Federal em seu art. 1º proteger a dignidade de qualquer cidadão não deixando o trabalhador, nessa perspectiva, desprotegido.

Nessa problemática podemos citar como pioneira Margarida Barreto que em sua obra Violência, Saúde e Trabalho – Uma jornada de humilhações – retrata o primeiro processo de assédio moral julgado no país (Stephan, 2013). A partir desse momento, o assédio moral começa a ganhar destaque na área jurídica, mesmo não existindo leis diretas.

Portanto, entende-se, que no Brasil, esse fenômeno emergiu na escravidão em que os cativos eram mal tratados e mesmo libertos ainda existia um preconceito com a mão de obra escrava reduzidos a condições degradantes, mesmo recebendo salários. Com a modernidade, o mundo capitalista começou a exigir mais qualificação e disponibilidade dos trabalhadores que cada vez mais desvalorizados acabam sofrendo esse tipo de violência no trabalho tornando-se parte prejudicada nas relações empregatícias o que exige meios legais para protegê-los.

3. ASSÉDIO MORAL NO TRABALHO

Baseado em nossa análise sobre a gênese do trabalho e seu sentido podemos afirmar que o assédio moral no emprego não é algo recente como bem declara Margarida Barreto[(2)] em sua obra "Uma jornada de humilhações" afirma-se que é tão antigo quanto o trabalho.

A história do trabalho nos mostrou que seu conceito vinculado ao sofrimento motiva muitas problemáticas que permeiam o ambiente trabalhista. Entre tantas, temos o assédio moral. A fim de identificar tal fenômeno e estudá-lo dentro do contexto jurídico podemos conceituá-lo a partir da visão da psicóloga do trabalho Marie-France Hirigoyen. Assim, explana Hirigoyen (2002):

> Toda e qualquer conduta abusiva manifestando-se, sobretudo por comportamentos, palavras, atos, gestos, escritos que possam trazer dano à personalidade, à dignidade ou à integridade física ou psíquica de uma pessoa, pôr em perigo seu emprego ou degradando o ambiente de trabalho". (HIRIGOYEN, 2002, p. 17)

Trazemos com esse conceito a visão da psicologia sobre a violência moral de uma maneira geral seja ela praticada em qualquer ambiente; de modo a trazer danos incomensuráveis à sua vítima. No âmbito jurídico esse assunto ainda é muito novo, de modo que a psicóloga Hirigoyen foi pioneira. Na Constituição Federal o conceito da dignidade da pessoa humana norteia todos os princípios que regem os direitos e liberdades fundamentais.

Constatamos com isso que o assédio moral por trata-se de uma exposição abusiva do trabalhador a situações degradantes, pressões psicológicas e desumanas fere claramente o princípio máximo da dignidade da pessoa humana que tenta garantir não apenas que o bem-estar financeiro, nesse caso, do trabalhador bem como assegurá-lo um ambiente saudável.

Citamos, assim, o art. 225 da CF: "Todos têm direito ao meio ambiente ecologicamente equilibrado, bem de uso comum do povo e essencial à sadia qualidade de vida, impondo-se ao Poder Público e à coletividade o dever de defendê-lo e preservá-lo para as presentes e futuras gerações."(BRASIL, 1988 p. 59).

O art. 196 da CF complementa a ideia acima sobre condições qualitativas no meio de trabalho quando versa sobre as condições e direito de todos a saúde de maneira que é dever do estado garantir que isso se cumpra por meio de políticas sociais e econômicas que reduzam os riscos a patologias, além de interferir para que essa distribuição seja igualitária.

Nessa vertente, percebemos, de maneira geral, uma preocupação como um todo com o cidadão tentando protegê-lo em todos os seus ambientes. Na esfera jurídica, notamos uma evolução quando elencamos um Projeto de Lei Federal n. 5.972 em que o Congresso Nacional acrescenta o inciso XX ao art. 117 da Lei n. 8.112 com a seguinte redação:

> "Art. 117. [...]
>
> XX – coagir moralmente subordinado, através de atos ou expressões reiteradas que tenham por objetivo atingir a sua dignidade ou criar condições de trabalho humilhantes ou degradantes, abusando da autoridade conferida pela posição hierárquica."

Ademais, nota-se que ainda era superficial o tratamento da justiça com o assédio moral no ambiente de trabalho e a progressão foi sendo gradual. A *priori*, de acordo Soares (2014), o Rio de Janeiro foi o precursor na criação e publicação da lei contra o assédio. A Lei n. 3.921, de 23 de agosto de 2002 que elencará em seu art. 2º o conceito desse tipo de violência para as instituições públicas e privadas que expõem trabalhadores a situações degradantes quando em horário de serviço, utilizando de abuso de autoridade para coagi-los.[(3)]

Em linhas gerais, esse fenômeno existe claramente de longa data, entretanto, como bem salientamos o reconhecimento de que isso era um problema que deveria ser considerado e evitado dentro do ordenamento

---

(2) BARRETO, M. *Uma Jornada de Humilhações*. 2000 PUC/SP. Disponível em: <http://www.assediomoral.org/site/assedio/AMconceito.php>. Acesso em: 15 jun. 2016.

(3) No art. 2º: considera-se assédio moral no trabalho, para os fins do que trata a presente Lei, a exposição do funcionário, servidor ou empregado a situação humilhante ou constrangedora, ou qualquer ação, ou palavra gesto, praticada de modo repetitivo e prolongado, durante o expediente do órgão ou entidade, e, por agente, delegado, chefe ou supervisor hierárquico ou qualquer representante que, no exercício de suas funções, abusando da autoridade que lhe foi conferida, tenha por objetivo ou efeito atingir a autoestima e a autodeterminação do subordinado, com danos ao ambiente de trabalho, aos serviços prestados ao público e ao próprio usuário, bem como, obstaculizar a evolução da carreira ou a estabilidade funcional do servidor constrangido. Disponível em: <http://www.assediomoral.org/site/legisla/RJ-Noel.ph>. Acesso em: 22 jul. 2016.

jurídico com leis específicas que resguardasse o direito e dever de patrão e empregado foi acontecendo a passos lentos, tendo em vista que seu reconhecimento se deu, a princípio, de modo crescente, isto é partiu-se dos Municípios com seus projetos de leis, depois os Estados e, por fim, a Federação que voltou seu olhar e deu uma dimensão maior ao fato.

É sabido que a prática do assédio moral é degradante para o ambiente do trabalho, haja vista seus efeitos prejudiciais à saúde física, mental e emocional do empregado quando exposto a tais situações de humilhações que ferem a dignidade humana. De fato, a relação de hierarquia pressupõe que os mais afetados são os subordinados, todavia essas posições de empregado e empregador não definem com presteza a vítima e o agressor.

Normalmente, mas não frequentemente, o chefe pode ser o agressor visto que o abuso moral pode vir de funcionários do mesmo escalão (Horizontal); de uma hierarquia superior (Vertical); a omissão de um superior em uma situação de agressão (Descendente) e, não muito comum, quando a chefia sob o encargo de um subalterno omite os fatos (Ascendente) (SILVA, 2006).

Nesse diapasão, ainda nas veias jurídicas, poderemos complementar as características do assédio moral conforme o entendimento de alguns juristas. Seguindo essa mesma ótica da psicóloga francesa Hirigyoen (2002), citamos Alice Monteiro de Barros (BARROS, 2006, p. 29):

> "A situação em que uma pessoa ou um grupo de pessoas exercem uma violência psicológica extrema, de forma sistemática e freqüente (em média uma vez por semana) e durante um tempo prolongado (em torno de uns 6 meses) sobre outra pessoa, com quem mantêm uma relação assimétrica de poder no local de trabalho, com o objetivo de destruir as redes de comunicação da vítima, destruir sua reputação, perturbar o exercício de seus trabalhos e conseguir, finalmente, que essa pessoa acabe deixando o emprego." [BARROS, 2007, p. 902.]

Vale ressaltar também Hádassa Ferreira (2004) que comunga com as concepções mencionadas acima sobre assédio moral especificamente no trabalho. Ele afirma que as práticas desse tipo de violência podem causar danos irreparáveis e prolongados ao indivíduo estendendo a sua vida social fora do seu ambiente de trabalho.

> Pode-se dizer que o assédio moral é um processo composto por ataques repetitivos que se prolongam no tempo, permeado por artifícios psicológicos que atingem a dignidade do trabalhador, constituindo em humilhações verbais, psicológicas, tais como o isolamento, a não-comunicação ou a comunicação hostil, o que acarreta sofrimento ao trabalhador, refletindo-se na perda de sua saúde física e psicológica. (FERREIRA, 2004, p. 49)

Esses conceitos sobre assédio moral ratificam os tipos de barbáries psicológicas, físicas e sociais os quais os trabalhadores estão expostos no meio de trabalho, de modo que é relevante seu estudo para o jurídico por não haver leis especiais que protejam desses danos. No entanto, como já foi elencado anteriormente, a Constituição de 1988 nominada de "Cidadã" garante o direito à dignidade, art. 1º; inciso III, em que prioriza o homem em seus diversos ambientes. Assim também é a Declaração dos Direitos Humanos (1948) que enuncia em seu art. 1º o reconhecimento da igualdade e liberdade de todos.

Esses artigos asseguram, de uma maneira geral, o direito de qualquer cidadão seja onde estiver. Em controvérsia, o Direito do trabalho, diretamente entrelaçado com o meio, cuida para manter um ambiente saudável e propício para o trabalhador bem como a CLT nos arts. 155 ao 199, entre outros artigos podemos elencar isso. Compreende-se que o assédio moral era tratado de maneira genérica, ou seja, cuidava-se dos interesses dos cidadãos como um todo e, não somente, dentro do meio de trabalho. Dessa maneira, para o meio jurídico a definição estava clara, porém deveria ser regulamentada para que seus efeitos fossem evitados.

Diante dos posicionamentos acima sobre o conceito e evolução de assédio moral no ambiente trabalhista, observamos como esse mal arraigado na sociedade desde os tempos de sua formação e da construção das relações entre empregador e empregado ainda se faz muito presente como um problema de grande dimensão que está ganhando notoriedade recentemente dentro do ramo jurídico podendo ser encarado com outra ótica tanto pelos juristas quanto pela comunidade.

4. A EFICÁCIA DOS MEIOS DE PROVAS

O vocábulo prova vem do latim *probare*[4] que significa convencer alguém da origem de determinado

(4) VIARO, Mário Eduardo. Grupo de Morfologia Histórica do Português. Disponível em: <http://www.usp.br/gmhp/Dici.html>. Acesso em: 16 jun. 2016.

fato ou situação. Em linhas gerais, dentro de um processo jurídico seria o meio de comprovar a verossimilhança de determinado acontecimento. Segundo o mestre e Doutor Arruda Alvim, consiste juridicamente em prova:

> naqueles meios, definidos pelo Direito ou contidos por compreensão num sistema jurídico (v. arts. 332 e 366 do CPC) como idôneos a convencer (prova como "resultado") o juiz da ocorrência de determinados fatos, os quais vieram ao processo em decorrência de atividade, principalmente dos litigantes (prova como "atividade"). (Alvim, 2012, p. 941)

À guisa do princípio da boa-fé, que permeia todo e qualquer contrato trabalhista, ou seja, à luz do art. 422 do Código Civil é dever do empregador garantir um ambiente sadio para que o empregado prospere em suas atividades. Dessa maneira, é insólito pensar em um possível processo que envolva assédio moral.

Nesse prisma, é de extrema relevância, diante das dificuldades de se provar de modo eficaz uma situação de agressão moral, ater-se a esse assunto. As relações trabalhistas de hierarquia, por si só, criam um ambiente de subordinação que deveria ser, apenas, na divisão de funções e não algo pessoal que rebaixa a condições subumanas. Perante essa circunstância a vítima torna-se elemento essencial na comprovação dos fatos, tendo que provar de maneira evidente o assédio. Portanto, para se obter as provas nessa situação, quase sempre, são pelas vias testemunhais. Consoante Rodrigo Dias da Fonseca (2007),

> a tarefa mais difícil é identificar o assédio moral, por ser no mais das vezes uma forma sutil de degradação psicológica. A forma como os atos lesivos se expressam dificulta imensamente a sua percepção, muitas vezes restrita à vítima dos assaques. Referimo-nos com mais ênfase à comunicação não verbal, tão comum e de fácil negação em casos de reação ("você entendeu mal", "foi só uma brincadeira", "você está vendo/ouvindo coisas", etc.). (FONSECA, 2007, p. 41)

Cabe salientar que o dano moral é toda e qualquer violação ou ofensa ao indivíduo no que diz respeito a sua liberdade, sua honra, sua saúde e imagem (conforme art. 5º, X). Desse modo, comprovar algo quando não se houve dor física é mais difícil, já que a verbalização torna-se o único instrumento de prova jurídica tornando o agredido prova vital do processo. E, ainda mais, para reconhecer que houve prejuízo psíquico a vítima tem que ir além da sensação de simples dor ou sofrimento subjetivo, dado que a justiça não condena por simples presunção, ou seja, deve haver uma intenção do agressor em atingir o trabalhador para que enseje em uma indenização por dano moral. Nesse viés, assevera Mauro Schiavi (*apud*, Pierin, 2009, p. 11):

> Para que a pessoa faça jus à compensação por danos morais, necessário se faz tão somente que demonstre de forma inequívoca, por qualquer meio em direito admitido (art. 332, do CPC) o fato lesivo praticado (doloso ou culposo) pelo agente, sendo o dano moral presumido de forma irrefragável (presunção "juris et de juris") à vítima. Desse modo, desde que o ato ilícito praticado possa acarretar danos a qualquer pessoa, considerando-se o padrão da sociedade, os danos de ordem moral estarão configurados. Por exemplo, a acusação falsa de ladrão, a perda de um dedo resultante de conduta culposa do empregador, causam, evidentemente, dor psíquica no empregado. Ninguém irá dizer que o empregado não se abalou internamente em decorrência desses fatos. (SCHIAVI, 2007, p. 10)

Inferimos com isso que produzir provas diante de uma situação de assédio moral no trabalho é árduo, haja vista que muitas ofensas podem acontecer na presença de terceiros que não querem arriscar perder seus empregos ou, muitas vezes, a empresa se encontra de posse de provas e não tem interesse de disponibilizá-las. Por conseguinte, depende-se de uma conduta atenta de um Juiz de trabalho que tenha perspicácia de apurar os fatos e perceber a existência ou não de agressão; pautando-se, logicamente, na legalidade. Com isso, provar que houve um ato de violência moral torna-se complicado; gerando omissão por parte das vítimas no momento de denunciar e cada vez mais a impunidade torna-se frequente aumentando o número de casos nessa situação.

No presente artigo é adotado um tipo de pesquisa exploratória, posto que analisamos e registramos as informações a partir de uma coleta de dados bibliográficos que versam sobre o assunto. Exploramos vários ramos do Direito sendo eles: Constitucional, Civil, Penal e do Trabalho. Além de bebermos na fonte de outras disciplinas como a Sociologia e a Psicologia, possibilitando a transdisciplinariedade.

Contribuiu para nosso estudo alguns juristas importantes como a especialista em Medicina do Trabalho – Margarida Barreto, Desembargadora do Tribunal

Regional do Trabalho – Alice Monteiro de Barros, entre outros. Contamos também com opiniões de psicólogos como a francesa psiquiatra e psicoterapeuta de família, Marie-France Hirigoyen que publicou um livro sob o título Le harcèlement moral: la violence perverse au quotidien, ed. Syros.

A Constituição Federal foi nosso guia nessa empreitada, tendo em vista as leis que regem essa temática e asseguram os direitos e deveres dos trabalhadores e, principalmente, sua dignidade. Tal como a Declaração Universal dos Direitos Humanos (1948) que reza sobre a igualdade e a liberdade de todos. Contamos, também, com a CLT que trata, diretamente, sobre as leis trabalhistas.

5. CONSIDERAÇÕES FINAIS

O assédio moral pode ser percebido em diversas searas que mantém o mínimo de relação: à coletividade. No entanto, nosso foco de estudo foi a esfera trabalhista que traz a tona uma problemática que, como estudamos, não é algo típico da atualidade, por fazer parte das relações de trabalho que vem de longa data.

Em vista disso, é relevante um estudo desse fenômeno já que causa sérias disfunções na vida desses trabalhadores que sofrem com essas hostilidades. Percebemos ao longo da nossa pesquisa que, mesmo existindo vários tipos de assédio, o mais comum é do superior hierárquico com seus subordinados justamente pela autoridade que tem sobre os empregados e a dependência financeira que esses possuem do emprego.

É fato que essas situações no ambiente de trabalho geram desconfortos bem mais sérios do que, apenas, isolamento social, podendo causar danos psicológicos como: depressão, estresse, angustia desmotivação, entre outros. Essas patologias podem expandir e causar problemas na família dessas vítimas que podem desenvolver certos tipos de vícios ou, ainda, passar de agredido para agressor.

Por não haver dano diretamente físico ao indivíduo, acaba que isso prejudica no momento de comprovação no âmbito jurídico. Isto posto, notamos que a vítima sente-se coagida a denunciar a agressão pela falta de provas materiais consideradas verossímeis perante a justiça, de modo que esse tipo de violência, por sua dificuldade de mensurar os estragos causados, afeta na execução da justiça na tentativa de diminuir essas agressões.

A exposição a esse cenário de humilhação, constrangimento e degradação já mostrou que desestabiliza o agredido. Diante disso, fazem-se imprescindíveis leis específicas que amparem o assediado quando vítima desse abuso moral e, ainda mais, criar um ambiente para que este não se sinta intimidado a denunciar ou omitir possíveis ataques a sua dignidade. Caso o assédio aconteça que a justiça puna o agressor levando em consideração o estrago causado por ele; fazendo- o pagar, não somente financeiramente, mas de uma maneira que entenda a importância de valorização do ser humano.

Logo, nosso artigo preocupou-se em conceituar assédio moral no meio trabalhista, de modo que tentamos a partir de uma análise cronológica da história do trabalho chegar à melhor definição de assédio nesse ambiente e pelos modelos de vínculos empregatícios entenderem o porquê dessa problemática e a importância de detê-la para o trabalhador. O ideal seria que o empregador criasse um ambiente sadio para que em uma via de mão dupla um atendesse ao outro. Entretanto, como bem esboçamos a questão cultural relacionada às posições de cada um no trabalho acaba por incitar certas agressões que poderiam ser evitadas se muitos tivessem o ínfimo de humanidade.

Conseguimos concluir com essa pesquisa que o assédio moral acontece desde muito tempo, sendo uma das consequências resultantes do nosso processo de colonização exploratória que tinha em sua cultura a forma de trabalho escrava que acabou por consolidar ao longo dos séculos.

Os conceitos de assédio moral foram bem compreendidos bem como suas sequelas, entretanto dentro da legalidade ainda é algo recente que exige leis próprias que garantam que esse fenômeno não aconteça no ambiente de trabalho. Esse tipo de violência pode vir de longo período, mas a dificuldade em provar sua ocorrência acaba por reprimir muitas denúncias e deixar os trabalhadores a mercê desse tipo de situação.

6. REFERÊNCIAS BIBLIOGRÁFICAS

ALVIM, Arruda. *Manual de direito processual civil.* 15. ed. São Paulo: Revista dos Tribunais, 2012.

BARROS, Alice Monteiro de. *Curso de Direito do Trabalho.* São Paulo: LTr, 2005.

BRASIL. *Constituição da República Federativa do Brasil:* promulgada em 5 de outubro de 1988; Editora Saraiva; 31. ed. São Paulo: Saraiva; 2003.

BRASIL. LEI N. 9.029, DE 13 DE ABRIL DE 1995. CLT. Coleção RT Mini Códigos. *Constituição Federal – Consolidação das Leis do Trabalho – Legislação Trabalhista e Previdenciária.* Organizador Nelson Mannrich. 6. ed. rev., atual. São Paulo: RT, 2005.

BUENO, Silveira. *Minidicionário da língua portuguesa.* ed. rev. e atual. São Paulo: FTD, 2000. p. 334. – Etimologia, s.f. Parte da lingüística que estuda a origem e o significado das palavras.

DICIONÁRIO, *Aurélio básico da língua portuguesa.* Rio de Janeiro: Editora Nova Fronteira. 1995.

FERREIRA, Hadassa Dolores Bonilha. *Assédio moral nas relações de trabalho.* 1. ed. Campinas: Russel Editores, 2004.

FONSECA, Rodrigo Dias da. Assédio moral – breves notas. *Revista LTr.* São Paulo, v. 71, n. 1, jan. 2007.

FURQUIM, Maria Célia de Araújo. *A cooperativa como alternativa de trabalho.* São Paulo: LTr, 2001.

HIRIGOYEN, Marie-France. *Mal-Estar no Trabalho:* redefinindo o assédio moral. Tradução de Rejane Janowitzer. Rio de Janeiro: Bertrand Brasil, 2002, p. 17.

PIERIN, Juliana Resun. *O assédio moral nas relações de trabalho e sua prova em juízo.* Disponível em: <http://calvo.pro.br/media/file/colaboradores/juliana_resun_pierin/juliana_resun_pierin_o_assedio_moral.pdf>. Acesso em: 13 jun. 2016.

REIS, Jair Teixeira dos. *Trabalho voluntário e os direitos humanos.* Disponível em: <htpp://portaldovoluntario.org.br/biblioteca/p_voluntarios.asp,arquivo>. Acesso em: 15 jun. 2016.

SCHIAVI, Mauro. *Aspectos da prova do dano moral no processo do trabalho.* Disponível em: <http://calvo.pro.br/media/file/colaboradores/mauro_schiavi/mauro_schiavi_aspectos_prova_dano_moral.pdf>. Acesso em: 13 jun. 2016.

SILVA, Jaqueline Heldt da. *Assédio moral nas relações de trabalho frente ao princípio da dignidade da pessoa humana.* Disponível em: <http://www.assediomoral.org/IMG/pdf/Assedio_Moral_nas_relacoes_de_trabalho.pdf>. Acesso em: 15 jun. 2016.

SOARES, Fernanda de Carvalho. Assédio moral no ordenamento jurídico brasileiro. *Revista Fórum Trabalhista – RFT*, Belo Horizonte, ano 3, n. 11, p. 21-47, mar./abril. 2014.

STEPHAN, Cláudia Coutinho. *O princípio constitucional da dignidade e o assédio moral no direito do trabalho de Portugal e do Brasil.* São Paulo: LTr, 2013.

A Comprovação e a Interpretação da Incapacidade Total e Permanente na Concessão da Aposentadoria por Invalidez

Carina Kuhn Cardoso

Advogada, mestranda em Direito Público pela Universidade do Vale do Rio dos Sinos – UNISINOS, especialista em Direito Previdenciário pela Universidade de Caxias do Sul – UCS, e especialista em Direito Processual Civil pela Pontifícia Universidade Católica do Rio Grande do Sul – PUCRS.

1. INTRODUÇÃO

O Direito Previdenciário vem ganhando cada vez mais espaço e se tornando objeto de discussão dos operadores de direito. As opiniões divergem nos mais inesperados pontos e há quem defenda a sua restrição sob os argumentos de anti-assistencialismo, fonte de custeio etc., como há quem defenda que o benefício previdenciário é direito fundamental do cidadão, intimamente ligado à dignidade da pessoa humana e que a interpretação da norma deve convergir com o objetivo de proteção social da Previdência Social.

Dentre os mais diversos assuntos que têm se destacado no âmbito previdenciário, optou-se pelo estudo da aposentadoria por invalidez, benefício cuja concessão se dá principalmente na via judicial e depende da conclusão da perícia médica. Ainda, pretende-se chamar a atenção para tal prova, que tem sido banalizada e reduzida a curtas e lacônicas respostas em laudos não devidamente fundamentados.

Talvez por ser um benefício, em tese, menos complexo ou até por seu caráter precário, a análise do direito posto em juízo geralmente não condiz com a sua importância na vida do segurado e, embora pareça exigir simplória análise, preserva em si a inexatidão de seu requisito principal: a incapacidade.

Destarte, o problema da pesquisa consiste na indefinição do conceito de incapacidade total e permanente exigido pelo art. 42 da Lei n. 8.213/1991, que pode estar adstrito exclusivamente à conclusão médica pericial ou pode levar em conta fatores multidimensionais, os quais podem alterar, em muito, o destino do segurado. Por sua vez, também como problema da pesquisa inclui-se o questionamento acerca do papel da perícia médica nas ações de concessão de aposentadoria por invalidez, o que pode e deve ser exigido do perito, o que deve ser avaliado no exame pericial etc.

O trabalho foi dividido em duas partes, com o fim de, primeiramente, examinar o conceito de totalidade e permanência da incapacidade, quais os alargamentos possíveis e como aplicá-lo nas situações concretas. Após, no segundo ponto, a discussão se refere à perícia judicial, ao seu papel, seus requisitos e sua importância nas ações previdenciárias.

O objetivo geral é discutir qual é a incapacidade necessária à concessão do benefício e os aspectos envolvidos na análise pericial e nas ações previdenciárias, como o fim de demonstrar que a incapacidade laboral vai além da análise clínica da patologia, bem como a apontar os aspectos que devem ser sopesados pelos peritos e juízes na análise do pedido de aposentadoria por invalidez. Por fim, pretende-se identificar as consequências de uma análise médica e judicial dissociada da realidade e verificar de que modo o judiciário vem se manifestando sobre o assunto.

A pesquisa sob o ponto de vista de sua natureza é aplicada, pois objetiva gerar conhecimentos para aplicação prática dirigidos à solução dos problemas acima especificados, no que se refere ao reconhecimento do direito à aposentadoria por invalidez. Do ponto de vista de sua forma de abordagem é qualitativa considerando que há uma relação dinâmica entre o mundo real e o sujeito, onde a interpretação dos fenômenos e a atribuição de significados são básicas no processo de pesquisa qualitativa. O ambiente natural seja de doutrina ou da própria norma é a fonte direta para coleta de dados e o pesquisador é o instrumento-chave.

A elaboração dessa pesquisa justifica-se pela necessária discussão aqui posta, a qual pode contribuir para o aprimoramento da prática jurídica e do direito previdenciário, tão importante na vida de toda a população.

2. A INTERPRETAÇÃO DA INCAPACIDADE TOTAL E PERMANENTE PARA O TRABALHO

Primeiramente, cumpre tecer breves considerações sobre o benefício sobre o qual se destina o presente estudo. A aposentadoria por invalidez é um benefício previdenciário do Regime Geral da Previdência Social e está prevista nos arts. 42 a 47 da Lei n. 8.213/1991[(1)], regulamentada pelo Decreto n. 3.048/1999[(2)], em seus arts. 43 a 50, sendo de responsabilidade da Autarquia Previdenciária, o Instituto Nacional do Seguro Social, a sua concessão e pagamento.

Nos termos do texto legal, a benesse é devida ao segurado que for considerado incapaz e insuscetível de reabilitação para o exercício de atividade que lhe garanta subsistência e será paga enquanto permanecer tal condição. Além da incapacidade, o benefício exige outros dois requisitos, quais sejam, a qualidade de segurado e a carência, de 12 contribuições.

É o médico do Instituto Nacional do Seguro Social, em geral, que será o responsável por indicar se a incapacidade para o trabalho se mostra definitiva e se não há possibilidade de reabilitação para atividade diversa, o que raramente acontece e que suscita inúmeras ações judiciais.[(3)]

A renda mensal corresponde a 100% do salário de benefício sendo que, necessitando o segurado de assistência permanente de outra pessoa, a renda mensal será acrescida de 25%, conforme redação dos arts. 44 e 45 da Lei n. 8.213/1991[(4)]. Neste ponto, já é possível destacar que a concessão equivocada de auxílio-doença nos casos em que seria devida a aposentadoria por invalidez, acarreta prejuízo ao segurado, não só pelo maior coeficiente da RMI, o qual, no auxílio-doença, é de 91% do salário de benefício, mas também pela possibilidade do acréscimo de 25%, incabível no caso do auxílio-doença.

Apesar de ser um benefício deferido em razão da incapacidade permanente, a aposentadoria por invalidez é reversível, devida somente enquanto perdurar a incapacidade, de caráter precário, portanto, o que se depreende da redação do art. 42 da Lei de Benefícios[(5)], que condiciona o pagamento à manutenção da incapacidade.

Exige-se o afastamento de todas as atividades do segurado, eis que a incapacidade precisa ser total, ou seja, para toda e qualquer atividade. O aposentado, quando solicitado, deve submeter-se a exame médico, a cargo da Previdência Social, sob pena de ser sustado o pagamento do benefício, inclusive processo de reabilitação profissional e tratamento dispensado

---

(1) BRASIL. Lei n. 8.213, de 24 de julho de 1991. Dispõe sobre o Planos de Benefícios da Previdência Social e dá outras providências. In: *Diário Oficial da União*, Brasília, 25 jul. 1991.

(2) BRASIL. Decreto n 3.048/99, de 06 de maio de 1999. Aprova o regulamento da Previdência Social e dá outras providências. In: *Diário Oficial da União*, Brasília, 7 maio 1999.

(3) VIANNA, Claudia Salles Vilela. *Previdência Social*: custeio e benefícios. 2. ed. São Paulo: LTr, 2008. p. 417.

(4) Art. 44. A aposentadoria por invalidez, inclusive a decorrente de acidente do trabalho, consistirá numa renda mensal correspondente a 100% (cem por cento) do salário de benefício, observado o disposto na Seção III, especialmente no art. 33 desta Lei. Art. 45. O valor da aposentadoria por invalidez do segurado que necessitar da assistência permanente de outra pessoa será acrescido de 25% (vinte e cinco por cento). (BRASIL. Lei n. 8.213, de 24 de julho de 1991. Dispõe sobre os Planos de Benefícios da Previdência Social e dá outras providências. In: *Diário Oficial da União*, Brasília, 25 jul. 1991. Arts. 44 e 45).

(5) Art. 42. A aposentadoria por invalidez, uma vez cumprida, quando for o caso, a carência exigida, será devida ao segurado que, estando ou não em gozo de auxílio-doença, for considerado incapaz e insusceptível de reabilitação para o exercício de atividade que lhe garanta a subsistência, e ser-lhe-á paga enquanto permanecer nesta condição ((BRASIL. Lei n. 8.213, de 24 de julho de 1991. Dispõe sobre os Planos de Benefícios da Previdência Social e dá outras providências. In: *Diário Oficial da União*, Brasília, 25 jul. 1991.)

gratuitamente. Se o aposentado voltar voluntariamente à atividade, não mais terá direito ao benefício, a partir da data do retorno.[6]

Em suma, a lei exige à concessão da aposentadoria por invalidez a constatação de incapacidade total e definitiva para atividade que garanta subsistência, sendo que deve existir a impossibilidade de reabilitação profissional. Todavia, é necessário aclarar o conceito de incapacidade total e permanente e analisar o que, de fato, define a possibilidade de reabilitação, ou seja, urge verificar que a apreciação da inaptidão laboral vai além de uma análise clínica e, por isso, a perícia não deve ser soberana, nem pode vincular a decisão do juiz quando da análise do pedido.

A incapacidade total e permanente é expressão que traduz conceito jurídico indeterminado, cuja aplicação no caso concreto é tarefa tormentosa aos operadores do direito, incumbindo ao magistrado acolmatá-la através da integração interpretativa, valendo-se de parâmetros como a idade, escolaridade, reinserção social, aptidões etc.[7] O conceito em tela não é mais incumbência apenas da área técnica da medicina, sendo que "a evolução social e científica é que nos traz a necessidade de se rever esse conceito, tratando da invalidez como fenômeno biológico, psicológico e também social."[8]

Não se pode entender que a incapacidade deve ser absoluta, total, completa do segurado, no sentido de estar completamente impossibilitado de exercer qualquer tipo de trabalho. O que interessa para a configuração da invalidez é a perda da capacidade de ganho do segurado. Assim sendo, a aferição da incapacidade não se resume à comprovação médica, compreendendo um juízo complexo.[9]

O que se verifica é que, em alguns casos, não se cuida de incapacidade apenas fisiológica, propriamente dita, mas sim de uma inaptidão cultural para buscar atividade remunerada e manter-se produtivo, sobretudo para os que possuem baixa renda.[10] Ou seja, a inaptidão para o trabalho não pode ser identificada apenas a partir de uma perspectiva médica, mas deve levar em conta também a limitação imposta pela história de vida do segurado e pelo seu universo social.[11] Em outras palavras,

> o requisito da incapacidade laborativa passou a ser considerado mais amplo, pela análise de múltiplos aspectos ligados à individualidade e ao contexto social em que inserido o trabalhador segurado. Essa interpretação multifatorial é que se denomina de incapacidade biopsicossocial.[12]

Em razão da indeterminação do conceito, não são raros os segurados que não logram proteção satisfatória pelo manto da Previdência Social, notadamente quando recebem prestação por lapso reduzido, a despeito de uma improvável recuperação, além de indeferimentos em virtude de uma valoração equivocada e míope acerca da existência de incapacidade à luz dos requisitos legais do benefício.[13] Nesta seara, a autarquia previdenciária, ao invés de conceder o benefício mais vantajoso ao segurado, insiste em conceder-lhe outro, mitigando as vantagens do segurado, como nos casos em que defere reiteradamente auxílio-doença ainda que o segurado faça jus à aposentadoria por invalidez.[14]

Um dos fatores que ocasionam o grande número de demandas judiciais em face do Instituto Nacional do Seguro Social é o fato de a análise da incapacidade ser feita de forma intransigente e vinculada pelo corpo de peritos da autarquia, a qual necessariamente guarda irrestrita obediência ao princípio da legalidade (art.

---

(6) MARTINS, Sérgio Pinto. *Direito da Seguridade Social*. 18. ed. São Paulo: Atlas, 2002. p. 339-340.

(7) MARINHO, Flavio Luiz Marques Penna. A incapacidade para o trabalho e sua interpretação na concessão de benefícios previdenciários. *Revista da Defensoria Pública da União*, Brasília, n. 5, p. 58-85, out. 2012, p. 75.

(8) OLIVEIRA, Rafael Machado de. Incapacidade biopsicossocial no Direito Previdenciário. *Jus Navigandi*, Teresina, ano 18, n. 3588, 28 abr. 2013. Disponível em: <http://jus.com.br/artigos/24284/incapacidade-biopsicossocial-no-direito-previdenciario#ixzz2dmedgAj7>. Acesso em: 01 set. 2013.

(9) MISORELLI FILHO, Rubens Celso Alves. Aposentadoria por invalidez. *Revista de Direito Social*, Sapucaia do Sul, v. 7, n. 27, p. 45-65, jul./set. 2001, p. 50-51.

(10) CONRADO. Valmir Nunes. Breves considerações sobre benefícios por incapacidade. *Coleção Jornada de Estudos ESMAF*, Brasília, v. 03, p. 319-322, jun. 2010, p. 321.

(11) SAVARIS, José Antonio Savaris. *Direito Processual Previdenciário*. Curitiba: Juruá, 2009. p. 226.

(12) OLIVEIRA, *op. cit.*

(13) MARINHO Flavio Luiz Marques Penna. A incapacidade para o trabalho e sua interpretação na concessão de benefícios previdenciários. Revista da Defensoria Pública da União, Brasília, n. 5, p. 58-85, out. 2012, p. 60.

(14) DAMETTO, Edson. O princípio da dignidade da pessoa humana e a concessão de reiterados benefícios de auxílio-doença quando o segurado faz jus a aposentadoria por invalidez. *Justiça do Trabalho*, Porto Alegre, v. 28, n. 332, p. 150-158, ago. 2011, p. 152.

5º, II, da Constituição Federal[15]). Não fosse isso, ingressando com ação judicial, o segurado depara-se com uma perícia judicial que, embora imparcial, opta por jungir-se à análise estritamente clínica, conclusão que conduz à concessão de auxílio-doença quando, na realidade, trata-se de caso de aposentadoria por invalidez.[16] Ou seja, a indefinição do conceito não traz dificuldades apenas na esfera administrativa, mas também no âmbito judicial.

Nas ações envolvendo a concessão de benefícios previdenciários por incapacidade é notória a importância da prova pericial produzida por médico de confiança do juiz, sendo que a opinião técnica do profissional, como regra, determina o resultado da demanda[17], conforme será analisado no item subsequente. Ocorre que não se deve prestigiar única e irrestritamente a prova técnica, cuja conclusão, em muitos casos, não reconhece sequer as exigências necessárias ao desempenho da função do segurado, como a esforço físico intenso. Ao apreciar somente a conclusão da perícia, a atividade judicante nos casos de benefícios previdenciários por incapacidade estaria jungida à chancela de laudos periciais, erigindo o exame técnico à categoria de "rainha das provas".[18]

A jurisprudência definiu parâmetros adequados para a ampliação da proteção dos segurados, superando obstáculos de perícias médicas dissociadas da realidade social do trabalhador.[19] Nesse sentido, segue decisão do Superior Tribunal Federal abaixo ementada:

> PREVIDENCIÁRIO. AGRAVO REGIMENTAL NO AGRAVO EM RECURSO ESPECIAL. APOSENTADORIA POR INVALIDEZ. LAUDO PERICIAL CONCLUSIVO PELA INCAPACIDADE PARCIAL DO SEGURADO. NÃO VINCULAÇÃO. CIRCUNSTÂNCIA SOCIOECONÔMICA, PROFISSIONAL E CULTURAL FAVORÁVEL À CONCESSÃO DO BENEFÍCIO. RECURSO DO INSS DESPROVIDO. 1. Os pleitos previdenciários possuem relevante valor social de proteção ao Trabalhador Segurado da Previdência Social, devendo ser, portanto, julgados sob tal orientação exegética. 2. Para a concessão de aposentadoria por invalidez devem ser considerados outros aspectos relevantes, além dos elencados no art. 42 da Lei n. 8.213/1991, tais como, a condição socioeconômica, profissional e cultural do segurado. 3. Embora tenha o laudo pericial concluído pela incapacidade parcial do segurado, o Magistrado não fica vinculado à prova pericial, podendo decidir contrário a ela quando houver nos autos outros elementos que assim o convençam, como no presente caso. 4. Em face das limitações impostas pela moléstia incapacitante, avançada idade e baixo grau de escolaridade, seria utopia defender a inserção do segurado no concorrido mercado de trabalho, para iniciar uma nova atividade profissional, motivo pelo qual faz jus à concessão de aposentadoria por invalidez. 5. Agravo Regimental do INSS desprovido.[20]

Ainda, a Turma Nacional de Uniformização editou a Súmula n. 47 sobre o assunto, a qual assim estabelece: "Uma vez reconhecida a incapacidade parcial para o trabalho, o juiz deve analisar as condições pessoais e sociais do segurado para a concessão de aposentadoria por invalidez".[21] Ou seja, não há mais qualquer dúvida de que o conceito de incapacidade é muito mais complexo do que um simples exame clínico, sendo dever do juiz declinar-se sobre a situação específica do segurado, seu histórico laboral, escolaridade, e não mais apenas conferir a resposta categórica do perito médico para fins de apreciação do caso posto em juízo.

Tudo isso porque, embora a incapacidade física e psicológica enseje a concessão do benefício, deve-se agregar também a incapacidade social, que impõe obstáculos ao exercício de um ofício com a mesma força.

---

(15) Art. 5º Todos são iguais perante a lei, sem distinção de qualquer natureza, garantindo-se aos brasileiros e aos estrangeiros residentes no País a inviolabilidade do direito à vida, à liberdade, à igualdade, à segurança e à propriedade, nos termos seguintes: [...] II – ninguém será obrigado a fazer ou deixar de fazer alguma coisa senão em virtude de lei. (BRASIL, Constituição da República Federativa do Brasil de 1988. In: *Diário Oficial da União*. Brasília, 05 out. 1988. Art. 5º, II).

(16) MARINHO, Flavio Luiz Marques Penna. A incapacidade para o trabalho e sua interpretação na concessão de benefícios previdenciários. *Revista da Defensoria Pública da União*, Brasília, n. 5, p. 58-85, out. 2012, p. 69-71.

(17) TAKAHASHI, Bruno. Aspectos processuais dos benefícios previdenciários por incapacidade. *Revista CEJ*, Brasília, Ano VXI, n. 56, p. 28-43, jan./abr. 2012, p.33.

(18) MARINHO, op. cit., p. 73-74.

(19) CASTRO, Carlos Alberto Pereira de. *Manual de Direito Previdenciário*. 13. ed. São Paulo: Conceito Editorial, 2011. p. 609.

(20) BRASIL. Superior Tribunal de Justiça. *Agravo Regimental no Agravo em Recurso Especial n. 136474/MG*, da Primeira Turma do Superior Tribunal de Justiça, Brasília/DF, 29 de junho de 2012. Relator Ministro Nunes Maia Filho. Disponível em: <https://ww2.stj.jus.br/revistaeletronica/ita.asp?registro=201200125571&dt_publicacao=29/06/2012>. Acesso em: 10 abr. 2013.

(21) BRASIL. Turma Nacional de Uniformização dos Juizados Especiais Federais. *Súmula n. 47*. Brasília/DF, 15 de março de 2012. Disponível em: <https://www2.jf.jus.br/phpdoc/virtus/>. Acesso em: 20 mar. 2013.

Fatores como idade se revelam limitadores em uma sociedade que não cultua a figura do ancião. Da mesma forma em relação à escolaridade, eis que os que têm pouco estudo dificilmente conseguem retornar ao mercado de trabalho[22].

Importante destacar que não se está propondo com isso uma causa supralegal de concessão da aposentadoria por invalidez o que, inclusive, comumente é fundamento de recursos da Autarquia Previdenciária nas ações judiciais. A definição de incapacidade total e permanente pela legislação é um conceito aberto, como já verificado. Trata-se, apenas, de conjugar a prova técnica com as demais provas dos autos e com a situação concreta do segurado, de modo que, apontando o conjunto probatório para a existência de incapacidade total e permanente, será possível a concessão da aposentadoria por invalidez, ainda que o laudo indique apenas uma incapacidade parcial. Isso porque o juiz não está adstrito ao laudo, como será analisado no item seguinte do artigo.

O Superior Tribunal de Justiça já consolidou o entendimento acima, afastando a insurgência do Instituto Nacional do Seguro Social sob a alegação de causa supralegal, destacando que:

> Mesmo o sistema previdenciário sendo contributivo, não há como desvinculá-lo da realidade social, econômica e cultural do país, onde as dificuldades sociais alargam em muito a fria letra da lei. No âmbito do Direito Previdenciário, com maior razão, o magistrado não está adstrito apenas à prova pericial, devendo considerar fatores outros para averiguar a possibilidade de concessão do benefício pretendido pelo segurado. Com relação à concessão de aposentadoria em razão de incapacidade apenas parcial, este Superior Tribunal de Justiça possui entendimento no sentido da desnecessidade da vinculação do magistrado à prova pericial, se existentes outros elementos nos autos aptos à formação do seu convencimento, podendo, inclusive, concluir pela incapacidade permanente do segurado em exercer qualquer atividade laborativa, não obstante a perícia conclua pela incapacidade parcial.[23]

Não só a incapacidade total demanda interpretação. O caráter definitivo da incapacidade também não está adstrito à conclusão do perito e deve observar a necessidade de realização de cirurgia como condição para a recuperação. Isso porque, se a Lei n. 8.213/1991 expressamente prevê que não é obrigatória a realização de cirurgia ao segurado afastado do trabalho, a incapacidade deve ser tida como permanente, e não temporária. Neste sentido, já se manifestou o Tribunal Regional Federal da 4ª Região, conforme decisão que segue abaixo ementada:

> PREVIDENCIÁRIO. REMESSA OFICIAL. CONCESSÃO DE BENEFÍCIO. AUXÍLIO-DOENÇA. APOSENTADORIA POR INVALIDEZ. REALIZAÇÃO DE NOVA PERÍCIA. IMPROPRIEDADE. INCAPACIDADE LABORAL. COMPROVAÇÃO. TRATAMENTO CIRÚRGICO. TERMO INICIAL. HONORÁRIOS PERICIAIS. REDUÇÃO. CONSECTÁRIOS. [...]. Nas ações em que se objetiva a concessão de auxílio-doença ou aposentadoria por invalidez, o julgador, via de regra, firma sua convicção por meio da prova pericial. IV. Demonstrada a incapacidade total e permanente da segurada para o exercício de suas atividades habituais, justifica-se a conclusão pela concessão de aposentadoria por invalidez. V. A possibilidade de cura de doença por procedimento cirúrgico não afasta o atual quadro de incapacidade autorizador da concessão do benefício, já que a própria Lei n. 8.213/1991, em seu art. 101, afasta a obrigatoriedade do segurado submeter-se à cirurgia. VI. Evidenciado, através dos exames e atestados médicos colacionados aos autos, que a incapacidade laboral estava presente no momento da cessação do benefício na via administrativa, mostrando-se correto o estabelecimento do termo inicial do benefício em tal data, em observância à previsão do art. 60, § 1º, da Lei n. 8.213/1991. [...].[24]

Ainda acerca do caráter permanente da incapacidade, Savaris argumenta que, se o benefício de aposentadoria por invalidez é devido enquanto perdurar a incapacidade e se o titular deve se submeter à reabilitação profissional, a definitividade não é, então, absoluta.

(22) LARA, Paulo Cesar. A "incapacidade social" como fator a ser explorado positivamente nos laudos periciais para efeito de concessão de benefícios previdenciários ou assistenciais. *Revista Brasileira de Direito Previdenciário*, Porto Alegre, v. 2, n. 10, p. 5-23, ago./set. 2012, p. 13.

(23) BRASIL. Superior Tribunal de Justiça. *Agravo Regimental no Agravo de Instrumento n. 1.102.739* – GO, da Sexta Turma do Superior Tribunal de Justiça, Brasília/DF, 9 de novembro de 2009. OG Fernandes. Disponível em: <https://ww2.stj.jus.br/revistaeletronica/Abre_Documento.asp?sLink=ATC&sSeq=6673304&sReg=200802230169&sData=20091109&sTipo=51&formato=PDF> . Acesso em: 24 abr. 2013.

(24) BRASIL. Tribunal Regional Federal da 4ª Região. *Apelação cível n. 0002870-25.2012.404.9999*, da Quinta Turma do Tribunal Regional Federal da 4ª Região, Porto Alegre/RS, 19 de março de 2013. Relator Rogério Fraveto. Disponível em: <http://jurisprudencia.trf4.jus.br/pesquisa/citacao.php?doc=TRF403777383> . Acesso em: 14 abr. 2013.

Por isso, o que se exige é uma incapacidade mais estável do que aquela que autoriza a concessão do auxílio-doença. Ela deve permanecer enquanto dure, com prognóstico médico de que não cesse.[(25)] Essa é a razão, ademais, pela qual o benefício é de caráter precário, exatamente pela eventual possibilidade de recuperação. Ou seja, tanto o conceito de incapacidade total quanto o conceito de incapacidade permanente são complexos e exigem ponderação de diversos fatores.

Portanto, em que pese se mostre, em um primeiro momento, singelo o tema que cinge a aposentadoria por invalidez, o fato é que há muitas nuances de extrema importância que merecem maior estudo e debate. Ademais, não se pode perder de vista que é dever do INSS conceder ao segurado o melhor benefício a que faz jus. E assim sendo, não pode se furtar de tal dever com base em perícias e conclusões dissociadas da realidade, desvirtuando a efetiva intenção da norma.

Como a concessão da aposentadoria por invalidez é quase irrisória no âmbito administrativo, é o judiciário que se incumbe de analisar a incapacidade do segurado, o qual será submetido à perícia médica judicial. É com base na prova pericial que se apreciará o pedido do autor e se a perícia administrativa não é realizada com o zelo devido, a prova judicial deve conter toda a densidade e seriedade que dela se espera, pois poderá ocasionar o júbilo ou a morte de um direito fundamental do autor. Por isso, dedica-se o próximo item a apontamentos acerca da prova médico pericial, da qual depende, em regra, a comprovação da incapacidade total e permanente.

3. O PAPEL DAS PERÍCIAS MÉDICAS NAS AÇÕES DE CONCESSÃO DE APOSENTADORIA POR INVALIDEZ

Como já referido no item anterior, a análise da incapacidade não pode ser aplicada sem qualquer ponderação acerca da intenção da norma. Por essa razão é que a maioria das concessões deste benefício acaba ocorrendo na esfera judicial, sendo rara a concessão administrativa, eis que a Autarquia previdenciária ignora as condições pessoais e sociais do segurado. Destarte,

> Ao relevar aspectos biopsicossociais do indivíduo, a Administração deve considerar que atualmente essa interpretação é causa determinante para o aumento na concessão de aposentadoria por invalidez na via judicial, justamente pela adoção dos critérios flexibilizadores ora analisados. Trata-se de uma realidade para a qual a Administração não pode fechar os olhos sob pena de não só manter elevados os índices de concessão judicial do benefício como vê-los maximizados.[(26)]

Sabido é da importância da perícia médica como elemento de prova e instrumento de convicção dos magistrados. Na seara previdenciária, a jurisprudência é uníssona no sentido de que, nas ações envolvendo a concessão de benefícios por incapacidade, o juiz forma sua convicção, via de regra, por meio da prova pericial[(27)], por isso, deve ser produzida com a consciência de que irá definir o direito do segurado.

A perícia médica é uma atividade de busca da verdade e elaboração de documentos precisos e fidedignos, que determinarão, direta ou indiretamente, direitos ou sanções.[(28)] É uma espécie de prova depositada nos autos judiciais, que ganha importância por resultar da atuação de doutos convocados pela autoridade judiciária. Sua finalidade se torna relevante porque apresenta conhecimento técnico jurídico ao juiz, auxiliando-o para que firme seu convencimento sobre o fato que está posto nos autos judiciais a exigir julgamento.[(29)] Isso porque a amplitude do conhecimento humano e a miríade de detalhes que já foram alcançados pela ciência impedem que seja cobrado de um magistrado

---

(25) SAVARIS, José Antonio. *Direito Processual Previdenciário*. Curitiba: Juruá, 2009. p. 225.

(26) OLIVEIRA, Rafael Machado de. Incapacidade biopsicossocial no Direito Previdenciário. *Jus Navigandi*, Teresina, ano 18, n. 3588, 28 abr. 2013. Disponível em: <http://jus.com.br/artigos/24284/incapacidade-biopsicossocial-no-direito-previdenciario#ixzz2dmedgAj7>. Acesso em: 01 set. 2013.

(27) Este é o entendimento consolidado pelo Tribunal Regional da 4ª Região, conforme decisão que segue ora ementada: PREVIDENCIÁRIO. AUXÍLIO-DOENÇA/APOSENTADORIA POR INVALIDEZ. VISÃO MONOCULAR. INCAPACIDADE LABORAL NÃO COMPROVADA. 1. Tratando-se de auxílio-doença, auxílio-acidente ou aposentadoria por invalidez, o Julgador firma sua convicção, via de regra, por meio da prova pericial. 2. Considerando as conclusões do perito judicial de que a parte autora, apesar de ser portadora de visão monocular, está apta ao exercício de sua atividade habitual como agricultor, não são devidos benefícios por incapacidade. (BRASIL, Tribunal Regional Federal da 4ª Região, *Apelação Cível n. 5000134-35.2011.404.7007*, da Sexta Turma do Tribunal Regional Federal, Porto Alegre/RS, 10 de maio de 2013. Relator Celso Kipper. Disponível em: <http://jurisprudencia.trf4.jus.br/pesquisa/inteiro_teor.php?orgao=1&documento=5783140>. Acesso em: 30 mar. 2013.)

(28) ALMEIDA, Eduardo Henrique Rodrigues de. A perícia médica previdenciária para a concessão de benefícios incapacitantes. *Coleção Jornadas de estudos ESMAF*, Brasília, v. 3, p. 99 a 104, jun. 2010, p. 100.

(29) DELGADO, José Augusto. A importância legal da perícia médica. *Justiça & Cidadania*, Rio de Janeiro,n. 95, p. 18-24, jun. 2008, p.18.

conhecimento razoável sobre todas as questões fáticas que lhe são postas.(30)

O Código de Processo Civil brasileiro trata da perícia médica em seus arts. 145 a 147 (Do Perito) e 420 a 439 (Da Prova Pericial). De acordo com a legislação, cumpre ao magistrado nomear perito de sua confiança quando a matéria colocada em discussão sobrepujar sua alçada de conhecimento. O perito é quem irá elucidar os fatos ao juiz, a quem compete dizer o direito, devendo o perito se debruçar sobre a colheita de provas, sua interpretação e inteligência.(31)

Destarte, a solução das mais diversas questões submetidas ao Poder Judiciário passou a depender de conhecimentos técnicos e científicos cada vez mais específicos e sofisticados da medicina, associada ao campo de conhecimento e atuação do magistrado. Para que essa atuação conjunta produza resultados, é indispensável a observância a determinados critérios e requisitos, sob pena de a prestação jurisdicional dar-se forma deficiente e injusta.(32)

O que precisa estar claro é que o laudo medico-pericial é uma peça processual e que seus autores precisam ser minimamente versados em direito processual para atender às demandas da autoridade solicitante. Não basta ser *expert* em determinada área para se constituir em um bom perito.(33) Para os peritos previdenciários, o desafio mais prevalente consiste em estabelecer ou não o direito a benefício decorrentes de incapacidade para o trabalho, conceito que, como já visto, exige análise consistente do perito, haja vista que:

> Incapacidade, em qualquer sentido, constitui julgamento, uma vez que não existe como conceito *per si*, mas sempre relacionado a alguma habilidade, e cabe ao perito verificar se o conceito se aplica ao caso concreto que analisa, ou seja, transcende o diagnóstico principal e leva em conta outras comorbidades, aspectos sociais e crenças pessoais e ideológicas do próprio perito médico. Com esse pressuposto, incapacidade é um julgamento de valor, o que amplia a responsabilidade do perito médico previdenciário enormemente: além de constatar a doença, precisa avaliar as repercussões laborais e gerais desta para julgar se cabe o reconhecimento do direito ao benefício.(34)

Para que a prova pericial possa se desenvolver da forma mais completa possível, é indispensável a obtenção de todas as informações relativas ao histórico médico, familiar e ocupacional do segurado, razão pela qual é de suma importância a juntada do prontuário médico, do processo administrativo, da carteira de trabalho, receitas médicas etc.

Ainda, o art. 429 do Código de Processo Civil confere ao perito, assim como aos assistentes técnicos, o poder de utilizar-se de todos os meios de provas necessários ao deslindo dos fatos, como ouvir testemunhas, solicitar documentos em poder de repartições públicas, solicitar exames, assim como instruir o laudo pericial com desenhos, fotografias e o que mais se fizer necessário. Todavia, na prática, o que se observa é que os peritos têm se quedado inertes, procedendo a realização pericial sem tais informações, absolutamente indispensáveis à confecção do laudo pericial.(35)

Para que a prova pericial consubstancie-se meio de prova idôneo para a instrução de um feito previdenciário, a perícia médica deve revestir-se do mínimo conteúdo, de maneira que o processo judicial ofereça ampla possibilidade de discussão sobre os elementos que servirão de convencimento do magistrado. Isso porque a perícia judicial deve corresponder ao que dela se espera: um aporte especializado que pressupõe conhecimento técnico/cientifico específico que contribua para esclarecer ponto imprescindível para a solução do processo.(36)

Assim sendo, o laudo pericial deve respeitar determinados critérios médicos legais, sob pena de nulidade, devendo conter: (a) exposição dos fatos objeto da perícia; (b) relato dos dados e das informações colhidas pelo perito; (c) um capítulo destinado à discussão, em

(30) DRUMOND, Denise Dias Dutra. Decisões contrárias à perícia médica judicial e a Jurisprudência do Superior Tribunal e Justiça, dos tribunais regionais e das turmas recursais. *Coleção Jornada de Estudos ESMAF*, Brasília, v. 3, p. 92-98, jun. 2010, p. 92.

(31) BOSSCHART, Louise Emily. Uma análise crítica da prova pericial médica. *Revista do Instituto dos Advogados de São Paulo*, Brasília, n. 25, jan.-jun. 2013, p. 197-210, p. 199.

(32) *Ibidem*, p. 198.

(33) ALMEIDA, Eduardo Henrique Rodrigues de. A perícia médica previdenciária para a concessão de benefícios incapacitantes. *Coleção Jornadas de estudos ESMAF*, Brasília, v. 3, p. 99 a 104, jun. 2010, p. 99.

(34) *Ibidem*, p. 101.

(35) BOSSCHART, Louise Emily. Uma análise crítica da prova pericial médica. *Revista do Instituto dos Advogados de São Paulo*, Brasília, n. 25, jan.-jun. 2013, p. 197-210, p. 205.

(36) SAVARIS, José Antonio. *Direito Processual Previdenciário*. Curitiba: Juruá, 2009. p. 220.

que o perito fundamentará as razões de sua conclusão; (d) a conclusão; e (e) as respostas aos quesitos formulados.(37) De pronto, o que fica evidente é que os rotineiros laudos, não só da perícia administrativa do INSS mas, infelizmente, também dos laudos judiciais, que se resumem a respostas compostas unicamente por "sim" e "não", sem qualquer fundamentação ou explicação, não atendem aos requisitos de um laudo.

Trazendo a perícia para o campo previdenciário, Savaris infere que o laudo pericial deve conter, pelo menos, as queixas do periciando; a história ocupacional do trabalhador, a história clínica e exame clínico; principais resultados e provas diagnósticas (registrar exames realizados com as respectivas datas e resultados); o provável diagnóstico; o significado dos exames complementares em que apoiou suas convicções; as consequências do desempenho de atividade profissional à atividade do periciando. É com essa prudência e zelo que se espera seja produzida uma prova de tão realçada importância nos feitos previdenciários.(38)

Portanto, independente da especialidade médica do perito nomeado pelo juízo, é indispensável que reúna conhecimentos técnicos sobre a elaboração do laudo médico pericial, sobre as normas legais que regem a perícia, sobre seus direitos e deveres, sobre o modo de condução da perícia e confecção do laudo, de modo que o resultado da perícia seja o mais proveitoso possível. Isso porque a finalidade do laudo pericial é oferecer ao juiz elementos de convicção para a elucidação dos fatos controversos da demanda e por isso, há de ser o mais completo, minucioso, metódico e objetivo, de forma a possibilitar ao juiz o exato retrato do evento daquilo que o causou.(39) Para Savaris

> Quando a perícia judicial não cumpre os pressupostos mínimos de idoneidade da prova técnica, ela é produzida, na verdade, de maneira a furtar do magistrado o poder de decisão, porque respostas periciais categóricas, porém sem qualquer fundamentação, revestem um elemento autoritário que contribui para o que se chama decisionismo processual.(40)

É pela possibilidade de a prova pericial não ter sido conduzida da forma que se espera que o art. 436 do Código de Processo Civil(41) afirma que o magistrado não está adstrito exclusivamente à conclusão do exame oficial, podendo se valer das demais provas carreadas aos autos para formar sua convicção, eis que o parecer técnico não é prova absoluta e, ao menos em teoria, não possui valor probatório superior às demais provas produzidas pela parte. Na prática, é muito improvável que um laudo médico venha a ser afastado, até porque é ele prova equidistante das partes. Somente quando tenha ocorrido um erro grosseiro e evidente é que se torna tendente o afastamento da conclusão médico pericial.

O perito não é senhor absoluto erigido acima de todos os postulados processo-constitucionais. A prova técnica não pode ser arbitrária e assim será toda vez que não se mostrar devidamente justificada ou fundamentada em dados técnicos objetivos ou que possam ser obtidos por sua experiência profissional.(42) De qualquer forma, as conclusões periciais não se impõem, necessariamente, pois ficam sujeitas ao exame crítico do juiz, o qual poderá até mesmo desprezá-las.

Portanto, não deve olvidar-se o magistrado de analisar as demais provas juntadas aos autos, bem como considerar os argumentos das partes declinados na impugnação ao exame pericial. O perito não é soberano e a incapacidade, pode sim, ser provada por outros meios.

Prosseguindo, destaca-se que no âmbito previdenciário, a jurisprudência tem entendido, em regra, pela desnecessidade de realização de perícia com médico especialista. Isso porque se espera que todo o indivíduo formado em medicina, *a priori*, reúne conhecimento suficiente para conduzir a realização de uma prova pericial médica, sendo que pode ele se escusar do encargo, por entender que a matéria extravasa o seu âmbito de conhecimento.(43) Porém, se mostra questionável a atual tendência de deferir perícia apenas com médico do

(37) BOSSCHART, *op. cit.*, p. 208.

(38) SAVARIS, *op. cit.*, p. 221.

(39) BOSSCHART, Louise Emily. Uma análise crítica da prova pericial médica. *Revista do Instituto dos Advogados de São Paulo*, Brasília, n. 25, jan.-jun. 2013, p. 197-210, p. 209.

(40) SAVARIS, José Antonio. *Direito Processual Previdenciário*. Curitiba: Juruá, 2009. p. 220.

(41) Art. 436. O juiz não está adstrito ao laudo pericial, podendo formar a sua convicção com outros elementos ou fatos provados nos autos. (BRASIL. Lei n. 10.406, de 10 de janeiro de 2002. Institui o Código Civil Brasileiro. In: *Diário Oficial da União*, Brasília, 11 jan. 2002. Art. 436.)

(42) SAVARIS, *op. cit.*, p. 220.

(43) BOSSCHART, Louise Emily. Uma análise crítica da prova pericial médica. *Revista do Instituto dos Advogados de São Paulo*, Brasília, n. 25, jan.-jun. 2013, p. 197-210, p. 199-200.

trabalho ou clínico geral. Se a condição para a concessão do benefício pode estar associada à realização ou não de perícia com especialista, tal prova mereceria sempre ser deferida, em face do caráter fundamental do direito.

Outro aspecto importante é a formulação de quesitos médicos, direito que tem sido mitigado nos juizados especiais federais, seja no indeferimento dos quesitos do autor, seja na prolação da sentença sem a complementação do laudo. Soma-se a isso a rotineira prática dos peritos em, de praxe, não responderem aos quesitos do autor, indicando apenas que a resposta se encontra no laudo. Portanto, novamente, tem-se uma realidade cujo único possível prejudicado é o segurado, assim como ocorre na não realização de perícia com especialista.

Ora, se a prova pericial é que forma a convicção do juiz nas ações envolvendo a concessão de benefícios por incapacidade, o mínimo que pode ser oportunizado ao autor é ver efetivamente enfrentadas pelo perito todas as questões relativas ao seu quadro médico. Se o laudo do perito não se apresenta devidamente fundamentado, é direito do autor que ele seja requisitado para que o complemente, porque, ainda que mantido o parecer pela capacidade laboral, ainda que não obtida a pretensão desejada, terá o segurado consciência que a decisão foi justa e baseada em prova produzida com o zelo correspondente à importância do direito perquirido.

Neste ponto, ressalta-se que, se o processo previdenciário contemplava até então a primazia da celeridade, a constatação de possível naufrágio da pretensão previdenciária deve levar à desaceleração, abrindo espaço para a produção de diligências que poderão mudar a sorte processual do hipossuficiente, o segurado. Dizer ao segurado que ele não tem o direito invocado é separá-lo de um direito humano fundamental. E esse direito não perde tal natureza ainda que as causas se multipliquem ou que a máquina judiciária se encontre congestionada.(44)

O que se pretende, neste ponto, enfim, é provocar a discussão acerca da perícia judicial que, sim, no mais das vezes, não corresponde ao importante papel que desempenha na solução das lides previdenciárias. E assim sendo, cumpre ao magistrado avaliar as demais provas juntadas aos autos e determinar a produção de outras provas necessárias, como a produção de prova oral, a expedição de ofício à empresa para que especifique as atividades do autor, para que indique se poderia ser inserido em outra atividade, a requisição de exames complementares, a intimação do perito para que fundamente adequadamente seu parecer e assim por diante.

Enfim, se é necessária a interpretação do conceito de incapacidade total e permanente à luz das condições pessoais e sociais do segurado, também é necessário que a perícia médica adira ao propósito de torna-se mais humana, mais crítica, menos categórica e mais fundamentada, sem ignorar a sua quase absoluta relação com a procedência do pedido. Ainda que possa o magistrado afastar a conclusão pericial, o ideal é que esta se consubstancie em um meio idôneo e técnico a amparar a decisão, de modo que seja proferida decisão digna do direito fundamental perquirido e nos moldes que se espera de uma efetiva e justa prestação jurisdicional.

4. CONSIDERAÇÕES FINAIS

A questão-problema buscou orientar o desenvolvimento do trabalho sobre o prisma da interpretação e da comprovação da incapacidade total e permanente para fins de concessão da aposentadoria por invalidez, benefício que é mais benéfico ao segurado em termos de renda mensal inicial e que possui a possibilidade de acréscimo de 25% sobre o valor. Buscou-se demonstrar que a incapacidade total e permanente vai além da incapacidade clínica, bem como que sua comprovação não pode ficar adstrita a um laudo pericial que não atende aos requisitos mínimos que se espera de uma prova judicial.

Verificamos que a jurisprudência já se voltou à inexatidão do conceito de incapacidade total e permanente, bem como o adequou à realidade social e pessoal do segurado, passando a considerar outros fatores no julgamento, tais como escolaridade, idade, etc. Assim sendo, a pesquisa evidencia a aplicabilidade da interpretação alargada do conceito legal, sendo que jurisprudência tem importante papel na construção deste, bem com cabe aos juízes exigir de seus peritos de confiança a apresentação de laudos completos, fundamentados e dignos da importância do direito posto em juízo.

Por outro lado, não pode ser ignorado o fato de que, diante da abstração do tema, o conceito sempre terá carga das crenças pessoais do perito ou julgador, bem como sofrerá influência de sua experiência e conhecimento da realidade local, sendo que estes que terão que decidir acerca da possibilidade de reabilitação do segurado, por exemplo, ou da viabilidade de incorporação de novos conhecimentos. Por essa razão, embora exista a consideração dos aspectos pessoais do segurado, a concessão da aposentadoria pode encontrar outras barreiras.

---

(44) SAVARIS, José Antonio. *Direito Processual Previdenciário*. Curitiba: Juruá, 2009. p. 57.

Os objetivos gerais foram atingidos no momento em que demonstrada a importância de se declinar sobre a situação do segurado e sobre a prova pericial, apontando que cada caso deve ser tratado com a especificidade que lhe cabe, sendo que não podem ser suprimidos aspectos relevantes do caso *sub judice* e impedida a produção de provas, como a complementação do laudo, sob fundamentos vazios ou despachos padrões.

Assim, infere-se que incapacidade total e permanente é um conceito que deve ter agregado não somente o parecer clínico do médico perito, mas todo o histórico laboral do segurado, suas condições pessoais tais quais idade, escolaridade e experiência profissional, a fim de avaliar a real possibilidade de recuperação ou reabilitação profissional, de modo a não postergar indevidamente tal direito pelo deferimento apenas do auxílio-doença, ou negar ao segurado o benefício com base em prova que não cumpriu devidamente sua função na instrução processual.

5. REFERÊNCIAS BIBLIOGRÁFICAS

ALMEIDA, Eduardo Henrique Rodrigues de. A perícia médica previdenciária para a concessão de benefícios incapacitantes. *Coleção Jornadas de estudos ESMAF*, Brasília, v. 3, p. 99 a 104, jun. 2010.

BOSSCHART, Louise Emily. Uma análise crítica da prova pericial médica. *Revista do Instituto dos Advogados de São Paulo*, Brasília, n. 25, jan.-jun. 2013, p. 197-210.

BRASIL. Decreto n 3.048/99, de 06 de maio de 1999. Aprova o regulamento da Previdência Social e dá outras providência. In: *Diário Oficial da União,* Brasília, 07 maio 1999.

BRASIL. Lei n. 8.213, de 24 de julho de 1991. Dispõe sobre os Planos de Benefícios da Previdência Social e dá outras providências. . In: *Diário Oficial da União*, Brasília, 25 jul. 1991.

BRASIL. Superior Tribunal de Justiça. *Agravo Regimental no Agravo de Instrumento n.* 1.102.739 – GO, da Sexta Turma do Superior Tribunal de Justiça, Brasília/DF, 9 de novembro de 2009. OG Fernandes. Disponível em: <https://ww2.stj.jus.br/revistaeletronica/Abre_Documento.asp?sLink=ATC&sSeq=6673304&sReg=200802230169&sData=20091109&sTipo=51&formato=PDF>. Acesso em: 24 abr. 2013.

BRASIL. Superior Tribunal de Justiça. *Agravo Regimental no Agravo em Recurso Especial n. 136474/MG,* da Primeira Turma do Superior Tribunal de Justiça, Brasília/DF, 29 de junho de 2012. Relator Ministro Nunes Maia Filho. Disponível em: <https://ww2.stj.jus.br/revistaeletronica/ita.asp?registro=201200125571&dt_publicacao=29/06/2012>. Acesso em: 10 abr. 2013.

BRASIL. Tribunal Regional Federal da 4ª Região. *Apelação cível n. 0002870-25.2012.404.9999*, da Quinta Turma do Tribunal Regional Federal da 4ª Região, Porto Alegre/RS, 19 de março de 2013. Relator Rogério Fraveto. Disponível em: <http://jurisprudencia.trf4.jus.br/pesquisa/citacao.php?doc=TRF403777383>. Acesso em: 14 abr. 2013.

BRASIL, Tribunal Regional Federal da 4ª Região, *Apelação Cível n. 5000134-35.2011.404.7007*, da Sexta Turma do Tribunal Regional Federal da 4ª Região, Porto Alegre/RS, 10 de maio de 2013. Relator Celso Kipper. Disponível em: <http://jurisprudencia.trf4.jus.br/pesquisa/inteiro_teor.php?orgao=1&documento=5783140>. Acesso em: 30 mar. 2013.

BRASIL. Turma Nacional de Uniformização dos Juizados Especiais Federais. *Súmula n. 47*. Brasília/DF, 15 de março de 2012. Disponível em: <https://www2.jf.jus.br/phpdoc/virtus/>. Acesso em: 20 mar. 2013.

CASTRO, Carlos Alberto Pereira de. *Manual de Direito Previdenciário*. 13 ed. São Paulo: Conceito Editorial, 2011.

CONRADO. Valmir Nunes. Breves considerações sobre benefícios por incapacidade. *Coleção Jornada de Estudos ESMAF*, Brasília, v. 03, p. 319-322, jun. 2010.

DAMETTO, Edson. O princípio da dignidade da pessoa humana e a concessão de reiterados benefícios de auxílio-doença quando o segurado faz jus a aposentadoria por invalidez. *Justiça do Trabalho*, Porto Alegre, v. 28, n. 332, p. 150-158, ago. 2011.

DELGADO, José Augusto. A importância legal da perícia médica. *Justiça & Cidadania*, Rio de Janeiro, n. 95, p. 18-24, jun. 2008.

DRUMOND, Denise Dias Dutra. Decisões contrárias à perícia médica judicial e a Jurisprudência do Superior Tribunal e Justiça, dos tribunais regionais e das turmas recursais. *Coleção Jornada de Estudos ESMAF*, Brasília, v. 3, p. 92-98, jun. 2010.

LARA, Paulo Cesar. A "incapacidade social" como fator a ser explorado positivamente nos laudos periciais para efeito de concessão de benefícios previdenciários ou assistenciais. *Revista Brasileira de Direito Previdenciário,* Porto Alegre, v. 2, n. 10, p. 5-23, ago./set. 2012.

OLIVEIRA, Rafael Machado de. Incapacidade biopsicossocial no Direito Previdenciário. *Jus Navigandi*, Teresina, ano 18, n. 3588, 28 abr. 2013. Disponível em: <http://jus.com.br/artigos/24284/incapacidade-biopsicossocial-no-direito-previdenciario#ixzz2dmedgAj7>. Acesso em: 01 set. 2013.

MARINHO, Flavio Luiz Marques Penna. A incapacidade para o trabalho e sua interpretação na concessão de benefícios previdenciários. *Revista da Defensoria Pública da União*, Brasília, n. 5, p. 58-85, out. 2012.

MARTINS, Sérgio Pinto. *Direito da Seguridade Social.* 18. ed. São Paulo: Atlas, 2002.

MISORELLI FILHO, Rubens Celso Alves. Aposentadoria por invalidez. *Revista de Direito Social*, Sapucaia do Sul, v. 7, n. 27, p.45-65, jul./set. 2001.

ROCHA, Daniel Machado da. BALTAZAR JUNIOR, José Paulo. *Comentários à Lei de Benefícios da Previdência Social.* 10 ed. rev. atual. Porto Alegre: Esmafe, 2011.

SAVARIS, José Antonio. *Direito Processual Previdenciário.* Curitiba: Juruá, 2009.

TAKAHASHI, Bruno. Aspectos processuais dos benefícios previdenciários por incapacidade. *Revista CEJ*, Brasília, Ano VXI, n. 56, p. 28-43, jan./abr. 2012.

VIANNA, Claudia Salles Vilela. *Previdência Social: custeio e benefícios*. 2. ed. São Paulo: LTr, 2008.

Derecho Internacional de la Seguridad Social: Discapacidad y políticas públicas. Normas uniformes y participación de las personas con discapacidad en el mercado laboral

Graça Aparecida Barcos

Abogada previdenciarista con título de "Especialización en Gestión de Recaudación de los Recursos de la Seguridad Social" por la Fundación CEDDET y OISS – Organización Iberoamericana de seguridad Social (Madrid-España).Ocupó el cargo de Coordinadora Iberoamericana de la Red de Seguridad Social de Fundación Cedet (período: 01.07.2013 a 31.12.2014) – países iberoamericanos y España.

1. INTRODUCIÓN

Uno de los motivos fundamentales por los que nos hemos decidido a tratar este tema ha sido porque consideramos que se le viene dando escasa importancia en la actualidad, y creemos que no estaría de más potenciar la sensibilización de lãs personas.

Los cuestionamientos abordan:

- definición de discapacidad; tipos de discapacidad; modelo social de la discapacidad; Día Internacional de las Personas con Discapacidad; Las posibilidades de empleo para los discapacitados; El preconcepto; La legislación de protección de los discapacitados; Carta Europea de los Derechos Fundamentales; Accesibilidad; La Participación de las personas con discapacidad en la sociedad; Educación y formación; Protección social; Sanidad de los discapacitados; Estrategia Española de Discapacidad; Estrategia global de acción para el empleo de las personas con discapacidad; Empleo protegido; El cuestionamiento si todas las empresas y órganos públicos respectan y cumplen las leyes de protección de los discapacitados; La indagación si en los países hay porcentaje de empleo para los discapacitados y en caso positivo si hay cumplimiento de la ley.

2. DESARROLLO

En 1992, al término del Decenio de las Naciones Unidas para los Impedidos (1983-1992), la Asamblea General proclamó el día 3 de diciembre **Día Internacional de las Personas con Discapacidad**. El Decenio había sido un período de toma de conciencia y de medidas orientadas hacia la acción y destinadas al constante mejoramiento de la situación de las personas con discapacidades y a la consecución de la igualdad de oportunidades para ellas. Posteriormente, la Asamblea hizo un llamamiento a los Estados Miembros para que destacaran la celebración del Día, con miras a fomentar una mayor integración en la sociedad de las personas con discapacidades.

Alrededor de un 15% de la población mundial, o mil millones de personas, viven con algún tipo de discapacidad.

El público en general y las instancias decisorias ignoran a menudo el gran número de personas que viven con discapacidades y deficiencias en todo el mundo y los problemas que han de afrontar. La misión de la OMS consiste en mejorar la calidad de vida de esas personas mediante actividades nacionales, regionales y mundiales, y en promover la toma de conciencia sobre la magnitud y las consecuencias del problema.

La jornada tiene por objeto dar a conocer mejor los distintos aspectos de las discapacidades y concitar apoyo a la dignidad, los derechos y el bienestar de las personas con discapacidad. Se pretende también realizar un trabajo de sensibilización sobre las ventajas que pueden derivarse de la integración de las personas con discapacidad en todas las facetas de la vida.

La **Convención Internacional sobre los Derechos de las Personas con Discapacidad** (CRPD, por su sigla en inglés) es un instrumento internacional de derechos humanos de las Naciones Unidas o Derecho internacional de los derechos humanos destinadas a proteger los derechos y la dignidad de las personas con discapacidad. Partes en la Convención tienen la obligación de promover, proteger y garantizar el pleno disfrute de los derechos humanos de las personas con discapacidad y garantizar que gocen de plena igualdad ante la ley.

El texto fue aprobado por la Asamblea General de Naciones Unidas el 13 de diciembre de 2006 en la Sede de las Naciones Unidas en Nueva York, y quedaron abiertos a la firma el 30 de marzo de 2007. Tras su aprobación por la Asamblea General, la Convención será abierta a los 192 Estados Miembros para su ratificación y aplicación. La Convención entraba en vigor cuando fuera ratificada por 20 países, por lo que entró en vigor el 3 de mayo de 2008. La convención cuenta con 155 signatarios, 91 signatarios del Protocolo Facultativo, 132 ratificaciones de la Convención y 77 ratificaciones del Protocolo. Se trata del primer instrumento amplio de derechos humanos del siglo XXI y la primera convención de derechos humanos que se abre a la firma de las organizaciones regionales de integración. Señala un "cambio paradigmático" de las actitudes y enfoques respecto de las personas con discapacidad.

La Convención está supervisada por el Comité de Expertos de la ONU sobre Derechos de las Personas con Discapacidad.

En Argentina tiene fuerza de Ley desde el 2008, registrada bajo el Nro 26.378.

PARAGUAY

La Secretaría Nacional por los Derechos Humanos de las Personas con Discapacidad está amparada por la Ley 4720/12, que encomienda a los poderes públicos el deber de impulsar la adopción de decisiones políticas encaminadas al cumplimiento efectivo de los derechos humanos de las personas con discapacidad, promoviendo para ello acciones que favorezcan la igualdad de oportunidades, la inclusión social, la participación, así como la accesibilidad universal de las personas con discapacidad.

Para lograr los objetivos que justifican su creación la SENADIS propiciará actuaciones que permitan la participación social de los sectores implicados en el sector social al que dirige sus actuaciones.

La dirección de la SENADIS, con rango de ministra, se ha encomendado a la abogada Luz Bella González Dans; por su parte, la licenciada Elsa Sosa ha sido designada directora de Protección y Rehabilitación a Personas con Discapacidad.

La SENADIS nació, por una parte, para dar respuesta al mandato de la Convención de los Derechos Humanos de las Personas con Discapacidad ratificada por Paraguay a través de la Ley 35407/08,

Por otra, para dar respuesta a las necesidades de las personas con discapacidad mediante políticas y acciones necesarias que garanticen la equidad e igualdad de oportunidades en el ejercicio de los derechos de las personas con discapacidad, y en especial, para impulsar medidas que mejoren su calidad de vida.

ESPAÑA

La motivación para la elaboración de la Estrategia Española sobre Discapacidad 2012-2020 se basa en una serie de recomendaciones (diferentes resoluciones de la Asamblea General en aplicación del Programa de Acción Mundial para las Personas con Discapacidad, resoluciones del Consejo de Derechos Humanos y de la Comisión de Desarrollo Social del Consejo Económico y Social de la ONU, los Objetivos del Milenio -que destacan específicamente la necesidad de incluir el acceso de las personas con discapacidad en las medidas de erradicación de la pobreza lo mismo que en la educación-, etcétera) entre las que destacan:

– El Informe Mundial sobre la Discapacidad, de la Organización Mundial de la salud y el Banco Mundial (2011) en su Recomendación 3: "*Adoptar una estrategia y un plan de acción nacionales sobre discapacidad*": *Una estrategia nacional sobre discapacidad presenta una visión consolidada e integral a largo plazo para mejorar el bienestar de las personas con discapacidad, y debería abarcar tanto las áreas de políticas y programas convencionales como los servicios específicos para las personas con discapacidad. La formulación, aplicación y vigilancia de una estrategia nacional deberían aunar a todo el espectro de sectores y partes interesadas".*

- La *Estrategia Europea sobre Discapacidad 2010-2020: un compromiso renovado para una Europa sin barreras*, y su correspondiente *Plan Inicial de ejecución. Lista de tareas 2010-2015.*
- *El mandato genérico de la Resolución 16/15 del Consejo de Derechos Humanos relativa al papel de la cooperación internacional para la puesta en marcha de los derechos de las personas con discapacidad, de la Resolución 65/185 de la Asamblea General de las Naciones Unidas sobre la realización de los objetivos de desarrollo del milenio para las personas con discapacidad hasta 2015 y después de esta fecha, así como la 64/154 relativa al cumplimiento de la Convención y de su Protocolo facultativo.*

Como señala el Informe de la OMS y el Banco Mundial, la discapacidad forma parte de la condición humana pues casi todas las personas sufrirán algún tipo de discapacidad transitoria o permanente en algún momento de su vida, ya sea por cuestiones accidentales como por el envejecimiento.

Además hay que considerar que de facto, en el mundo más de mil millones de personas, el 15% de la población mundial, viven con algún tipo de discapacidad reconocida y las cifras van al alza, debido al progresivo envejecimiento de la población y al incremento global de los problemas crónicos de salud asociados a la discapacidad como la diabetes, las enfermedades cardiovasculares y los trastornos mentales.

BRASIL

La constituición de la Republica Federativa de Brasil (llamada La Constituición Ciudadana) em el articulo 103 muestra que la Asistencia Social será prestada a quien de ella necesitar independentemente de recaudaciones a la seguridad social y tiene por finalidades la habilitación o reabilitación de lãs personas portadoras de discapacidad y la promoción de su família, integración a la vida de la sociedad.

También se garantiza um salário mínimo de beneficício mensual de 198 dólares a La persona portadora de discapacidad y a los de mayor que tengan La comprobación de no tener condiciones de su manutención propia y de sua familia de acuerdo com la disposicion de la legislación de Brasil.

PANAMÁ

Ley 42 de 27 de agosto de 1999, por la cual se establece la equiparación de oportunidades para las personas con discapacidad.

GUATEMALA

La Reforma la Ley de Atención a las Personas con Discapacidad – DECRETO NÚMERO 5-2011 embasó en que la Conferencia Internacional de Derechos Humanos, en la Proclamación de Teherán, exhorta a todos los pueblos y gobiernos a consagrarse a los principios contenidos en la Declaración Universal de Derechos Humanos. También observó que el país firmó el 30 de marzo de 2007 la Convención sobre los Derechos de las Personas con Discapacidad y su Protocolo Facultativo adoptado por la Asamblea General de las Naciones Unidas en diciembre de 2006, la cual fue aprobada por el Congreso de la República y ratificada el 07 de abril de 2009, y que dicho instrumento internacional proclama la necesidad de promover, proteger y asegurar el goce pleno y en condiciones de igualdad de todos los derechos humanos y libertades fundamentales por todas las personas con discapacidad, y promover el respeto a su dignidad inherente. Entonces concluyó que es necesario incluir a las personas que padecen de acondroplasia, displasia ósea u otra de origen genético de talla y peso dentro de la legislación guatemalteca de la materia, a efecto de promover las acciones necesarias para garantizarles una vida digna, por lo que debe emitirse el instrumento jurídico para el efecto. Portanto, en ejercicio de las atribuciones que le confiere el artículo 171 literal a) de la Constitución Política de la República de Guatemala, y decreta que 1. Se declara de beneficio social el desarrollo integral de las personas con discapacidad física, sensorial, intelectual o con trastornos de talla y peso genético y congénito o adquirido, en igualdad de condiciones para su participación en el desarrollo educativo, económico, social y político del país, como también adiciona más derechos a los discapacitados.

CUBA

Deficiente apoyo a los discapacitados: Estudio genético en Cuba durante el año 2003 se realizó en Cuba un "Estudio Psicosocial a Discapacitados", que consistía en censar a estas personas y registrar en bases de datos las discapacidades, para mantener un control sobre su estado de salud y poderlos asistir de una manera rápida y efectiva.

El termino *discapacidad*, si lo analizamos desde el punto de vista semántico está formado por el prefijo

-*dis* que significa separación y la palabra *capacidad* que significa talento, inteligencia y estado óptimo, por tanto son personas que presentan algún tipo de anomalía física que no les permite en su gran mayoría realizar tareas comunes, en muchos casos ni valerse por sí mismos.

Las discapacidades se clasifican en: Sensoriales: Visuales: Débiles Visuales y Ciegos. Auditivas: Hipoacúsicos y sordos, Mentales: Psicosis Crónicas: Esquizofrenias y otras. Trastornos Defectuales: Retraso Mental y Demencias. Físico – Motoras: Impedidos Físico Motores. Viscerales o Trastornos en el Funcionamiento de los Sistemas, Insuficiencia Renal Crónica. Insuficiencia Cardíaca. Enfermedad Pulmonar Obstructiva Crónica y otras.

Al culminar el estudio efectuado se pudo comprobar que el número de discapacitados es sumamente elevado y resultó como incidencia muy grave la falta de diferentes servicios de salud hacia estas personas que lo necesitan de forma priorizada por las afectaciones mayores que presentan. Es imposible comprender cómo no se ha brindado la atención necesaria, cuando contamos con uno de los más elevados números de médicos, tal es así que se les brinda ayuda a países necesitados, y no somos capaces de priorizar el nuestro.

Se destacó por sobre todas las cosas la carencia de colchones, camas, vestuario y la pésima situación económica que presentan estos pacientes, el estado crítico de sus viviendas, la falta de artículos de higiene, elementos fundamentales para su estabilidad y mejoramiento.

Ahora, no todos los discapacitados reciben ayuda directa del gobierno, nuestro país le brinda una pequeña asistencia a los discapacitados de mayor riesgo, los llamados postrados, anteriormente se consideraba postrada a aquella persona que se encuentra encamada la mayor parte del tiempo, que depende mayormente de otra, aun así pudiendo comer por ella misma, o aquellos que permanentemente necesitan cuidadores. La ayuda consta de tela antiséptica y jabones, se le proporciona después de dos años de haber sido valorado por el genetista.

Siendo esto un gasto tan insignificante, casi ridículo, el gobierno reestructuró el concepto de postrado. Ahora solo se consideran como tales los conocidos como "vegetales". Son los únicos que reciben esa casi testimonial ayuda, después de padecer dos largos años. Muchos no llegan ni a recibirla. Los familiares de estos pacientes no tienen descanso, para que se les vaya a "validar" a su familiar (discapacitado) pasan muchísimo trabajo, los "pelotean" de un lado para otro sin ningún tipo de consideración; utilizando como excusa que, generalmente, a los genetistas no se les asigna un transporte para esta tarea.

Como dije al principio, son varias las discapacidades y solo se intenta apoyar a un grupo reducido de estos, olvidando que todos necesitan apoyo, ya que la mayoría no trabaja, y dependen de sus familiares. Es deprimente y bochornoso ver lo que se les da, las personas con discapacidad son más vulnerables y necesitan no solo apoyo económico sino también apoyo moral y afectivo, que muchas veces tampoco lo tienen, necesitan una atención médica adecuada y un mínimo de condiciones para poder vivir dignamente.

Actualmente en Venezuela se está llevando a cabo un "Estudio Psicosocial a Discapacitados". Al parecer somos un buen ejemplo en cuanto a estudios que permiten un mejoramiento en el país. Solo espero que todos los venezolanos que presenten alguna de estas discapacidades obtengan una atención mucho más satisfactoria que la nuestra y una atención que alcance a todos.

CHILE

En Chile además de lós derechos grarantizados a lãs personas com discapacidad, hay uma atención especial a La Discapacidad visual.

La discapacidad visual se define con base en la agudeza visual y el campo visual. Se habla de discapacidad visual cuando existe una disminución significativa de la agudeza visual aun con el uso de lentes, o bien, una disminución significativa del campo visual.

La discapacidad visual puede originarse por un inadecuado desarrollo de los órganos visuales o por padecimientos o accidentes que afecten los ojos, las vías visuales o el cerebro. El inadecuado desarrollo en la gestacion de como resultado esta discapacidad, Asi mismo podemos agregar aquella discapacidad que se gesta a partir de una enfermedad que provoca esa disminucion de la vision, como son: Cataratas Glaucoma Diabetes Tracoma Ausencia de Vitama A. La dificultad que presentan algunas personas para participar en actividades propias de la vida cotidiana, que surge como consecuencia de la interacción entre una dificultad específica relacionada con una disminución o pérdida de las funciones visuales y las barreras presentes en el contexto en que desenvuelve la persona.

Respecto de las barreras, éstas son de diverso tipo, entre las más frecuentes se pueden señalar:

Ausencia de señales auditivas que reemplacen la información visual. Por ejemplo, si los semáforos no cuentan con señales auditivas, la persona cuyo remanente visual no le permita discriminar las luces, presentará mayores dificultades para cruzar las calles, situación que la hará más dependiente.

Ausencia de literatura en Braille o audio en las bibliotecas públicas. Por ejemplo, si una persona que presente ceguera o baja visión asiste a una biblioteca en busca de información, entretención o cultura y no encuentra textos adaptados en dicho lugar, verá disminuidas sus posibilidades de integración y crecimiento personal.

Ausencia de sistemas de escritura alternativos. Por ejemplo, si los textos escolares no se encuentran adaptados al sistema Braille niñas y niños que presentan ceguera no tendrán acceso a los aprendizajes en igualdad de condiciones, dificultándose a su vez su participación en clases e interacción con sus compañeros y compañeras.

Como se aprecia en esta definición, la discapacidad visual, no depende únicamente de las características físicas o biológicas del niño o niña, sino que se trata más bien de una condición que emerge producto de la interacción de esta dificultad con un contexto ambiental desfavorable.

Es bueno recordar que la Fundación ONCE hizo una investigación y llegó a la conclusión que Discapacitados en América Latina son "invisibles"

Cádiz España.- Los discapacitados en América Latina son "invisibles", denunció en Cádiz (España) el representante de la organización española de ciegos (ONCE), Andrés Ramos.

La ONCE anunció que dedicará el cupón de su sorteo del próximo la XXII Cumbre Iberoamericana, que un día después comenzará en Cádiz, con lo que se suma al proyecto de declarar como Año de la Inclusión Laboral de las Personas con Discapacidad en Iberoamérica, con 90 millones de personas con discapacidad, de las que el 80 % están desempleadas.

Ramos, vicepresidente del Consejo General de la ONCE, indicó que espera esa cita con la ilusión de que los líderes iberoamericanos puedan poner en marcha políticas para dar visibilidad y sacar "de la miseria" a noventa millones de discapacitados de la comunidad.

El vicepresidente de la ONCE abogó así por que la atención a los discapacitados entre en la agenda política de los Estados de América Latina de forma preferente, y porque todos ellos trabajen para cumplir las legislaciones referidas a este colectivo.

Además animó a las organizaciones sociales de los distintos países a tomar "conciencia clara" de los derechos de este colectivo para "desde la unidad de acción" empujar hacia un cambio en las políticas públicas y en las actitudes sociales de la comunidad iberoamericana hacia los discapacitados.

La Fundación ONCE mantiene una estrecha relación con Iberoamérica a través de programas de formación y empleo.

En este sentido, Andrés Ramos ha recordado que el cupón de esta organización "hace mucho bien, milagros todos los días, al otro lado del Atlántico", ya que 500 personas ciegas encuentran trabajo en América Latina a través de los servicios de la organización.

En el 2011, a través de FOAL (Fundación ONCE para la solidaridad con personas ciegas de América Latina) se llevaron a cabo 22 proyectos educativos en casi todos los países que beneficiaron a 25,885 personas y prepararon para el empleo a 7,509 ciegos.

HONDURAS

Informaciones de los hondureños: Sabias que existía una Politica Nacional para la Prevención de la Discapacidad, Atención y Rehabilitación Integral de las Personas con Discapacidad, la Promoción y Protección de sus Derechos y Deberes?

Esta fué creada en el 2004 y dicha política nacional formó un Gabinete Social, celebraron su primera sesión en Casa Presidencial el 24 de Mayo del 2004, presidida por su Coordinador el Dr. Luis Cosenza y en presencia de 11 ministros, 3 viceministros, 3 Directores y 4 coordinadores o asesores.

Este documento se creó con la participación de la Secretaría de Salud, CIARH, FUHRIL, el IHSS y otros actores, y su base financiera radica en los olvidados fondos ERP administrados actualmente por la Secretaría de Desarrollo Social (pues aún tiene vigencia hoy en dia).

Esta politica cuenta con 10 objetivos específicos y 13 estratégias que en papel resuelven la problemática que enfrentan las personas con discapacidad de Honduras en las áreas prioritarias de Salud, Educacion, Trabajo, Entorno y Comunicación Accesible, pero con la escasez de fondos y voluntad política, el mayor mínimo esfuerzo se ha hecho con muy pocos resultados como para aplaudir la gestión del mencionado Gabinete Social que es el Coordinador de ésta Política Nacional, de quienes poco se sabe de su seguimiento o si se realizan reuniones administrativas.

Ademas, en papel, se creó un **Comite Tecnico de Trabajo** conformado por las Secretarías de Salud, Educación, Trabajo, SOPTRAVI, Gobernación y Justicia, Despacho de la Presidencia, 2 representantes de Instituciones privadas de rehabilitación, 2 representantes de Asociaciones de Personas con Discapacidad y 1 representante de Asociaciones de Padres de Personas con

Discapacidad. Nuevamente se desconoce de su creación real y gestión.

Añadiendo a esta política nacional, está también el mas reciente Decreto 160-2005 que establece la **Ley de Equidad y Desarrollo Integral para las Personas con Discapacidad** y ésta crea la **Dirección General de Desarrollo para las Personas con Discapacidad** como ente rector en materia de discapacidad por parte del Estado de Honduras, una dependencia de la Secretaría de Gobernación y Justicia, su formación es desconcentrada y con autonomía técnica, administrativa y financiera, pero aun sin ser desconcentrado y sin tener la autonomía concedida por ley.

Algunos datos de interés:

- Hay 1,000,000 de personas con discapacidad en el mundo (Informe Mundial 2011 OMS)
- 14% de la población de Honduras tiene una discapacidad (OPS)
- 95% de las personas con discapacidad no tiene un empleo (CONADEH)
- 53% de las personas con discapacidad no tienen ningún nivel educativo (III Congreso de Inclusión)
- 7% de las personas con discapacidad han realizado la Secundaria (III Congreso de Inclusión)
- 80% de las personas con discapacidad viven bajo de la linea de pobreza (ONU)

COSTA RICA

Costa Rica les falla a las personas con discapacidad, de acuerdo com investigación de Luis Fernando Astorga Gatjens, director del Instituto Interamericano sobre Discapacidad y Desarrollo Inclusivo (IIDI).

La Convención de las Naciones Unidas sobre los Derechos de las Personas con Discapacidad debió haber sido un fuerte viento de cambio para mejorar la vida de esta población en Costa Rica; pero, hasta ahora, es apenas una brisa débil, casi imperceptible.

El 29 de setiembre del 2008, el Estado costarricense promulgó la ley 8661 con la que se ratificó que estaba de acuerdo y presto a colaborar con lo estipulado en la Convención, iniciativa de la ONU, cuyos propósitos se dirigen a PcD (personas con discapacidad) de todo el mundo a través de sus respectivos países. Pero, después de cinco años de vigencia, lamentablemente, no hay razones para celebrar.

Las instituciones públicas costarricenses han hecho muy poco o nada para implementar las disposiciones de este tratado internacional, en gran parte, por desconocimiento de sus contenidos, una realidad tan triste como desafiante para el conjunto de las entidades públicas que ya deberían haber elaborado un programa para su aplicación efectiva, por lo menos.

Esta Convención tiene carácter supralegal, de acuerdo con lo que establece el artículo 7 de la Constitución Política. Incluso, habiéndose convertido en un Tratado de Derechos Humanos, podría adquirir rango supraconstitucional, como lo establece la jurisprudencia de la Sala Constitucional. El Estado costarricense – según lo fijado en el artículo 35 de este Tratado – debió presentar un primer informe de cumplimiento que cubriría los dos primeros años de vigencia del tratado (29 de setiembre, 2008-2010). A petición de la Cancillería, el Consejo Nacional de Rehabilitación y Educación Especial (CNREE) elaboró el informe, y lo envió al Comité Internacional de la Convención, en mayo del 2011.

Informe irreal. Este informe está en proceso de estudio en el seno del comité de la ONU que funciona en Ginebra. Desafortunadamente, el informe elaborado no refleja la situación real de los derechos de las personas con discapacidad y no cumplió con las directrices emanadas por el Comité en su elaboración. La situación en materia de discriminación y exclusión que afecta a las personas con discapacidad no se retrata adecuadamente en el informe oficial: los limitados avances alcanzados se refieren más a la ley 7600 que a la Convención en sí. Este reporte, más que un informe de la realidad, es un informe edulcorado, "corrongo".

El país sigue manteniendo una enorme deuda social con la población con discapacidad, que se manifiesta a través de los serios problemas en salud, educación, empleo, protección social, accesibilidad física, informativa y de comunicación, entre otros. No por casualidad la Defensoría de los Habitantes calificó a las personas con discapacidad como "los más excluidos entre los excluidos".

Ante un informe tan incompleto y poco fiel a la realidad, un conjunto de organizaciones de personas con discapacidad iniciamos, a finales del 2012, un proceso que culminó en agosto del 2012, con la redacción de un *Informe sombra* o alternativo, que cuestiona aspectos sustantivos del que fue elaborado por el Estado. Treinta y una organizaciones suscribieron este informe enviado al Comité de la ONU.

El comprometido y laborioso esfuerzo profesional de las organizaciones se vio retribuido a través de la conducta receptiva del Comité que elaborará, con estos y otros insumos, una lista de preguntas al Estado para que complete, detalle y corrija elementos del informe presentado que así lo ameriten. Un elemento relevante que se cuestiona en este Informe Alternativo es el hecho de que el Estado todavía no ha designado a la entidad pública que implemente el tratado, ni la coordinación interinstitucional, en función de que se avance mediante políticas públicas inclusivas, transversales y dotadas de presupuesto.

Por otra parte, la Cancillería incurrió en un grave error al no designar a la Defensoría de los Habitantes para la vigilancia del tratado. Se ha hecho recaer esta función en una comisión interinstitucional que no es independiente y que sería juez y parte en la materia. La Convención establece en el inciso 2, artículo 33 de su Tratado, que esta labor tan relevante la debe cumplir una institución nacional de derechos humanos independiente, que cumpla los Principios de París, para la protección y promoción de los derechos humanos.

3. SITUACIÓN MUNDIAL

Las personas con discapacidades conforman uno de los grupos más marginados del mundo. Esas personas presentan peores resultados sanitarios, obtienen resultados académicos más bajos, participan menos en la economía y registran tasas de pobreza más altas que las personas sin discapacidades.

Hoy en día la discapacidad se considera una cuestión de derechos humanos. Las personas están discapacitadas por la sociedad, no sólo por sus cuerpos. Estos obstáculos se pueden superar si los gobiernos, las organizaciones no gubernamentales, los profesionales y las personas con discapacidad y sus familias trabajan en colaboración. El *Informe mundial sobre discapacidad* publicado por la OMS/el Banco Mundial nos muestra el camino a seguir.

Más de 1000 millones de personas con discapacidades deben superar a diario obstáculos importantes

Los gobiernos deberian ampliar los esfuerzos que despliegan para facilitar el acceso a los servicios generales y realizar inversiones en programas especializados.

La Organización Mundial de la Salud (OMS) y el Banco Mundial han presentado hoy unas nuevas estimaciones mundiales según las cuales más de 1000 millones de personas experimentan alguna forma de discapacidad. Ambas entidades instan a los gobiernos a ampliar los esfuerzos que despliegan para facilitar el acceso a los servicios generales y a realizar inversiones en programas especializados que hagan posible que las personas con discapacidades desplieguen plenamente sus posibilidades.

Una panorámica de la situación de la discapacidad en el mundo

En el primer *Informe mundial sobre discapacidad* jamás publicado se proporcionan las primeras estimaciones mundiales sobre personas con discapacidades relativas a 40 años, así como una panorámica de la situación de la discapacidad en el mundo. Según muestran las nuevas investigaciones, casi una quinta parte del total mundial estimado de personas que viven con discapacidades, es decir, entre 110 y 190 millones de personas, deben afrontar dificultades importantes.

En el informe se destaca la escasez de países que disponen de mecanismos adecuados para responder a las necesidades de las personas con discapacidades. Entre esos obstáculos se cuentan la estigmatización y la discriminación, la falta de atención de salud y de servicios de rehabilitación adecuados, y la inaccesibilidad de los servicios de transporte, los edificios y las tecnologías de comunicación. Como consecuencia de ello, el nivel de salud, los logros en educación y las oportunidades económicas de las personas que tienen discapacidades son inferiores a las de las personas que no las tienen, y sus tasas de pobreza son más altas.

"La discapacidad forma parte de la condición humana", ha afirmado la Directora General de la OMS, Dra. Margaret Chan. "Casi todos nosotros tenemos alguna discapacidad, temporal o permanente, en algún momento de la vida. Hemos de esforzarnos más en romper los obstáculos que segregan a las personas con discapacidades, que en muchos casos las arrinconan en los márgenes de la sociedad."

"Afrontar las necesidades en materia de salud, educación y empleo y de otros aspectos del desarrollo de las personas con discapacidades es fundamental para lograr los Objetivos de Desarrollo del Milenio", ha dicho Robert B. Zoellick, Presidente del Grupo del Banco Mundial. "Hemos de ayudar a las personas con discapacidades a que obtengan un acceso equitativo a las oportunidades de participar y contribuir a la vida de sus comunidades. Es mucho lo que pueden ofrecer si se les brinda una posibilidad justa."

4. LOS CAMINOS HACIA EL FUTURO

La persona con discapacidad prefiere cotribuir a las cargas generales como contribyente neto, como forma de asegurar mejor la continuidad de la solidaridad y de las políticas sociales.

5. CONSIDERACIONES FINALES

El objetivo perseguido obtuve éxito cuando añadió la legislación a respecto de los discapacitados de algunos países iberoamericanos y España con la inclusión de aportaciones de los participantes de diversos países, presentando las medidas del gobierno de estos países sobre discapacidad, oportunidad de empleo, protección, preconcepto y situación económica de los mismos.

En el informe se muestra que la probabilidad de que las personas con discapacidades consideren inadecuadas para sus necesidades las competencias de quienes les proporcionan cuidados es más de dos veces superior, y que es más de tres veces superior la frecuencia con que se les niega la atención de salud que precisan. En los países de ingresos bajos, las personas con discapacidades tienen una probabilidad un 50% más alta de incurrir en gastos catastróficos que las personas sin discapacidades.

Los niños con discapacidades tienen una probabilidad más baja de empezar la escuela que los niños sin ellas, y su tasa de permanencia es también inferior. En los países de la Organización de Cooperación y Desarrollo Económicos (OCDE), la tasa de empleo de las personas con discapacidades (44%) es ligeramente superior a la mitad de la tasa correspondiente a las personas sin discapacidades (75%).

En el informe se recomienda que los gobiernos y sus asociados para el desarrollo proporcionen a las personas con discapacidades acceso a todos los servicios generales, inviertan en programas y servicios específicos para las personas con discapacidades que los necesitan y adopten una estrategia y plan de acción nacional sobre la discapacidad. Además, los gobiernos deberían esforzarse en aumentar la sensibilización del público y su conocimiento de la discapacidad, así como prestar apoyo a las investigaciones y la capacitación en esa esfera. También es importante que se consulte a las personas con discapacidades y que estas participen en el diseño y la aplicación de esas actividades.

En el informe se destacan una serie de planteamientos que están utilizando los países en todo el mundo para facilitar a las personas con discapacidades el acceso a los servicios, las infraestructuras, la información y el empleo. Entre otros, se puede citar los ejemplos siguientes:

- En Mozambique y Tanzanía se proporciona información en Braille y en lenguaje de signos en talleres de capacitación para que los mensajes sobre el VIH lleguen también a los jóvenes con discapacidades;
- En Uganda, el *Proyecto de atención sostenible del pie valgo* mejora la detección y la rehabilitación de los niños con pie valgo sensibilizando al público acerca de la posibilidad de corregir esa deformación, mejorando la provisión de dispositivos ortopédicos, formando al personal de atención primaria de salud y subvencionando el transporte;
- En Curitiba (Brasil), un sistema de transporte público integrado mejora el acceso de las personas con discapacidad valiéndose de un diseño universal y sensibilizando a los conductores y otros miembros del personal;
- En Viet Nam, para que los niños con discapacidades puedan asistir a las escuelas generales se han revisado las políticas, se han hecho accesibles los edificios, se proporciona apoyo especializado a los alumnos y se capacita a los administradores, los docentes y los padres;
- En Malasia, el programa de regreso al trabajo hace posible que las personas con una discapacidad debida a una accidente laboral recuperen un empleo a tiempo completo mediante la coordinación de los servicios de rehabilitación y un apoyo social.

Acogiendo el informe con beneplácito, el famoso físico teórico Stephen Hawking ha declarado "Tenemos el deber moral de eliminar los obstáculos que entorpecen la participación de las personas con discapacidades y de invertir recursos y competencias suficientes para liberar su enorme potencial ... Confío en que el presente siglo marcará un punto de inflexión en la inclusión de las personas con discapacidades en la vida de sus sociedades."

Casi 150 países y organizaciones regionales han firmado la Convención sobre los derechos de las personas con discapacidad, y 100 la han ratificado, comprometiéndose de ese modo ha eliminar los obstáculos que impiden a las personas con discapacidades una participación plena en sus sociedades. El *Informe mundial sobre discapacidad*, preparado con aportaciones de más de 380 expertos, supondrá un recurso esencial para que los países apliquen la Convención Creo que el tema propuesto es muy importante en nuestros países, pues existe aún, grandes inequidades y discriminación hacia las personas con capacidades diferentes. Uno de los principales factores, es el desconocimiento de la población en general, sobre la temática, que ante su ignorancia, reacciona con acciones discriminaría, en diferentes ámbitos, especialmente en el área laboral.

La discriminación que existe con este grupo de personas se hace latente en no pocos aspectos de la vida laboral. Muchas veces la falta de información, unida a los prejuicios habituales, genera una gran desconfianza de las capacidades tanto físicas como intelectuales de las personas con algún tipo de discapacidad, desconfianza que se materializa en la falta de oportunidades que les son ofrecidas en todos los sectores y más concretamente en lo que a lo laboral se refiere.

No debemos olvidar tampoco que la mayoría de la población sufrirá algún tipo de discapacidad a lo largo de su vida; todos hemos pasado alguna temporada en cama inmovilizados, lo que supone una clara discapacidad de locomoción y del control del entorno. Aunque en nuestra opinión esto no es necesario para justificar la atención que este sector se merece, ya que basta para ello un mínimo de solidaridad y justicia social, sí conviene destacarlo para mostrar cómo la discapacidad es un problema mucho más cercano a la totalidad de la población de lo que en un principio se puede pensar.

También sería necesario adecuar los medios técnicos y, en muchos casos, completarlos con equipamientos más aptos, pero, sobre todo, habría que eliminar las barreras arquitectónicas que impiden la adecuación del discapacitado a trabajos que podría realizar sin inconvenientes.

Así mismo es necesario fomentar y promover nuevas iniciativas encaminadas la formación para el empleo de discapacitados, tanto a nivel estatal como de empresa privada, actualización y mejoras en el vigente sistema de apoyos al autoempleo de trabajadores minusválidos, extensión de la subvención del coste salarial a los contratos de trabajo a tiempo parcial, etc.

6. REFERÊNCIAS BIBLIOGRÁFICAS

Sitios consultados:

<http://www.nacion.com/opinion/foros/Costa-Rica-falla-personas-discapacidad_0_1374462565.html>.

<http://www.convivenciacuba.es/index.php/derechos-humanos-mainmenu-52/159-deficiente-apoyo-a-los-discapacitados-estudio-gentico-en-cuba>.

<http://www.who.int/features/factfiles/disability/es/>.

<http://www.who.int/mediacentre/news/releases/2011/disabilities_20110609/es/>.

<http://www.who.int/disabilities/world_report/2011/summary_es.pdf>.

<http://www.empleo.gob.es/es/publica/pub_electronicas/destacadas/revista/numeros/50/Est04.pdf>.

<http://www.prenatal.tv/lecturas/honduras/honduras_discapacidad.pdf>.

Fator Previdenciário e Fórmula 85/95: análise crítica de suas vantagens para o aposentado

Mayra Santos Prates
Graduada em Gestão de Recursos Humanos pela Universidade Norte do Paraná. Pós-Graduanda em Direito do Trabalho e Previdenciário e em Docência no Ensino Superior pelas Faculdades Santo Agostinho de Montes Claros.

1. INTRODUÇÃO

A criação do Fator Previdenciário ocorreu durante o governo do Presidente Fernando Henrique Cardoso através da Lei n. 9.876/1999, que dispõe sobre a contribuição previdenciária do contribuinte individual, o cálculo do benefício e altera dispositivos das Leis ns. 8.212 e 8.213, ambas de 24 de julho de 1991, regulamentada também pelo Decreto n. 3.048/1999, art. 32, § 11.

A Emenda Constitucional n. 20/1998 modificou o sistema de Previdência Social trazendo novas regras visando retomar um limite de idade para a aposentadoria por tempo de contribuição. O governo não conseguiu aprovar no Congresso Nacional a idade mínima para o Regime Geral de Previdência Social (RGPS), assim foi criado o fator previdenciário com o intuito de controlar os gastos da Previdência Social preservando assim o equilíbrio financeiro e atuarial.

Conforme Ibrahim (2014, p. 788) o equilíbrio financeiro reflete a existência de reservas monetárias ou de investimentos, numerário ou aplicações suficientes para o adimplemento dos compromissos atuais e futuros previstos em estatuto.

A constitucionalidade do fator previdenciário já foi questionada por meio de Ação Direta de Inconstitucionalidade – ADI, embora o questionamento levado ao plenário do Supremo Tribunal Federal não verteu todas as questões, não cabe a este artigo abordar sobre a (IN) constitucionalidade do Fator Previdenciário meramente introduzir tal questão, claramente não há isonomia e correspondência pelo simples fato de que quanto mais jovem for o segurado, menor será sua RMI (Renda Mensal Inicial) mesmo que o mesmo tenha contribuído por um período proporcional e mediante os mesmos valores de outro contribuinte, de idade mais avançada, mesmo que se esbarrem nas mesmas condições, ou seja, tenham o mesmo tempo de contribuição, base de cálculo, etc., a idade de cada um interferirá no cálculo de sua renda mensal.

Uma alternativa ao Fator Previdenciário é a regra 85/95 criada por meio da MP n. 676/2015 transformada na Lei n. 13.183/2015, que estabeleceu algumas regras para a concessão de aposentadoria por tempo de contribuição e deu outras providências, esta nova regra de pontuação para se aposentar surgiu como uma alternativa às outras formas de calcular a aposentadoria, que permanecem inalteradas e podem ser solicitadas pelo contribuinte de acordo com a sua necessidade, a saber: aposentadoria por tempo de contribuição com fator previdenciário, aposentadoria por tempo de contribuição com cálculo proporcional, aposentadoria por idade, aposentadoria por invalidez, aposentadoria especial.

Refletir qual opção é mais vantajosa para o segurado é demonstrar em valores reais quanto o contribuinte estará perdendo ou ganhando uma vez que o objetivo do Fator é reduzir o valor da aposentadoria e o fito da fórmula 85/95 é conceder uma aposentadoria de forma mais justa garantindo o valor integral para aqueles que atingirem a pontuação estabelecida pela Lei.

O método de abordagem empregado nesse artigo é o dedutivo através da técnica de pesquisa bibliográfica. Pretende-se, primeiramente abordar a brevemente evolução histórica da previdência social no Brasil. Em um segundo momento, conceituar o fator previdenciário buscando trazer o pensamento jurisprudencial dos tribunais para logo em seguida analisar a arrecadação líquida de despesas com benefícios previdenciários entre os meses de março/2015 a fevereiro/2016. Nesta seara também apresento cálculos que demonstram vantagens e desvantagens de se optar pelo Fator e aplicação da regra 85/95.

2. EVOLUÇÃO HISTÓRICA DA PREVIDÊNCIA SOCIAL NO BRASIL

Os fatores que levaram à busca de mecanismos de proteção contra as urgências sociais refletidas no âmbito jurídico abarcam a má concentração de renda nas mãos de poucos, o que reverbera na falta dos bens necessários para viver com dignidade. O amparo do estado é fundamental para prevenir e remediar as demandas da sociedade.

A primeira Constituição preconizava a instituição de socorros públicos para quem deles necessitasse, o termo "aposentadoria" foi introduzido na legislação com a Constituição de 1891, benefício que era previsto para os servidores em caso de invalidez a serviço da Nação. A Lei Eloy Chaves instituída pelo Decreto n. 4.682 em 1923 foi a primeira norma a fundar a Previdência Social com a criação da Caixa de Aposentadoria e Pensão dos Ferroviários, previa benefícios de aposentadoria por invalidez, ordinária, pensão por morte e assistência médica.

De acordo com Tsutiya (2013, p. 41) – A introdução da forma tríplice de custeio foi introduzida pela Constituição de 1934 com contribuição obrigatória, foi a primeira a se referir a "previdência" embora sem o acompanhamento da palavra "social". A quinta Constituição (1946) substituiu a expressão "seguro social" por "previdência social", e a precedência de custeio em relação a criação de novos benefícios foi trazida pela sexta Constituição (1967).

Somente na Constituição de 1988 é que a Seguridade Social foi finalmente positivada no Título VIII – Da Ordem Social, no Capítulo II [(1)] com a finalidade de dar a todos proteção em relação à Saúde, Previdência Social e Assistência Social.

O seguro social nasceu da necessidade de amparar o trabalhador, protegê-lo contra os riscos do trabalho (...) era então necessário um sistema de proteção social que alcançasse todas as pessoas e amparasse em todas as situações de necessidade, em qualquer momento de suas vidas[(2)].

Devido à proteção individual que proporciona aos beneficiários, a Previdência Social é comumente fixada como um direito humano de 2ª geração, sendo a solidariedade o seu fundamento.

3. CONCEITO E FÓRMULA DE CÁLCULO DO FATOR PREVIDENCIÁRIO

Trazido pela Lei n. 9.876/1999 o fator previdenciário é uma equação que é aplicada no cálculo do benefício previdenciário. O objetivo do fator é proporcionar aposentadoria com valores superiores conforme seja maior a idade e o tempo de contribuição do segurado e baixa expectativa de sobrevida.

O fator previdenciário reúne fatores variáveis como a idade, expectativa de sobrevida e tempo de contribuição do segurado, e fatores invariáveis, o coeficiente fixo de 0,31. A expectativa de vida é fixada pela tábua completa de mortalidade construída pelo IBGE (Instituto Brasileiro de Geografia e Estatística) considerando a média nacional única para ambos os sexos[(3)], o objetivo do fator previdenciário é estimular a permanência do segurado em atividade protelando a sua aposentadoria para que não tenha redução no benefício. A fórmula de cálculo do Fator Previdenciário engloba o tempo de contribuição do segurado (Tc), a alíquota

(1) Constituição da República Federativa do Brasil de 1988. Disponível em: <http://www.planalto.gov.br/ccivil_03/constituicao/constituicaocompilado.htm>. Acesso em: 5 jun. 2016.

(2) SANTOS, Marisa Ferreira dos. *Direito Previdenciário Esquematizado*. 4. ed. São Paulo, 2014. p.32.

(3) *Idem*, p. 204.

de contribuição (a) que é sempre de 31% ou 0,31 correspondente a 20% da empresa e 11% do segurado, a expectativa de sobrevida (Es) do segurado na data da aposentadoria e a idade (Id):

$$F = \frac{Tc \times a \times [\ 1 + (Id + Tc \times a)\ ]}{Es\ 100}$$

Os benefícios sujeitos a aplicação do Fator Previdenciário são os de aposentadoria por tempo de contribuição e de aposentadoria por idade, sendo neste caso facultativo tendo sua incidência apenas para ser elevado o valor do salário de benefício do segurado, dado que se leva em conta uma média nacional única de expectativa de vida entre homens e mulheres. Esse instituto apresenta seu lapso uma vez que a expectativa de vida feminina é maior que a masculina, conforme dados atuais da tábua de vida fornecida pelo IBGE, a publicação aponta que as mulheres vivem, em média, 7,2 anos a mais que os homens, com uma expectativa de 78,8 anos. Para a população masculina, a expectativa é de 71,6 anos(4). Destaca-se que, não obstante a um elevado tempo de contribuição e menor expectativa de sobrevida que tenha o beneficiário, o que resultará em um alto fator previdenciário aquele não ultrapassará o teto previdenciário.

Conforme o exposto, os Tribunais vêm julgando no sentido de aplicação do fator previdenciário conforme a jurisprudência abaixo:

> **PREVIDENCIÁRIO. APOSENTADORIA POR IDADE. INCLUSÃO DE PERÍODO CONTRIBUTIVO. COMPROVAÇÃO. OBRIGAÇÃO DE OBSERVÂNCIA DO FATOR PREVIDENCIÁRIO. JUROS DE MORA. INCONSTITUCIONALIDADE POR ARRASTAMENTO.** 1. O autor objetiva a revisão de seu benefício de aposentadoria por idade, com DIB em 30.04.2008, a fim de que todo o seu tempo de serviço seja observado no cálculo de seu benefício, utilizando-se as contribuições referentes à atividade principal (recolhidas em 05, 09 e 10/2003; 10 e 11/2004 e 03/2007) e à atividade secundária (recolhidas em 05, 09, 10 e 11/2003; 10 e 11/2004 e 03/2007). Requer, também, que sejam reconhecidos os tempos de serviço trabalhados perante o Estado de Goiás e junto à Prefeitura Municipal de Aroeiras, além da utilização facultativa da incidência do fator previdenciário. 2. A autarquia federal não contestou a demanda. Juntou apenas petição e documentos às fls. 291/301. 3. No caso dos autos, para os segurados filiados à Previdência Social até o dia 28.11.1999 (data anterior à publicação da Lei n. 9.876/99 que modificou a redação do art. 29 da Lei n. 8.213/1991), deve-se observar que "no cálculo dos salários-de-benefício será considerada a média aritmética simples dos maiores salários-de-contribuição, correspondentes a, no mínimo, oitenta por cento de todo o período contributivo decorrido desde a competência julho de 1994". 4. Tendo a contadoria do juízo constatado que o cálculo do salário-de-benefício do autor não foi realizado com base em todo o período contributivo, e ainda, tendo sido tal informação confirmada pelo próprio INSS, é devida a revisão do benefício do autor, levando-se em consideração que o período contributivo teve início em julho/1994, bem como, devendo ser utilizada, inclusive, todas as contribuições referentes à atividade principal e à atividade secundária, exercidas pelo autor. 5. O benefício do autor foi concedido em 30.04.2008, quando já estava em vigor a Lei n. 9.876/99, não havendo que se falar em facultatividade na aplicação do fator previdenciário às aposentadorias por idade, mas em obrigatoriedade de sua incidência. 6. Em relação ao período laborado no Estado de Goiás, repousa nos autos certidão emitida pela Secretaria de Administração do Estado da Paraíba informando que o período referido já foi averbado nos assentamentos funcionais do autor naquele ente, estando, inclusive, gozando de aposentadoria pelo regime próprio. 7. Já em relação ao período em que exerceu mandato eletivo de vereador e vice-prefeito no município de Aroeiras/PB, nos anos de 1992, 1996 e 2000, observa-se que o recolhimento das contribuições dos exercentes de mandato eletivo só se tornou possível com a edição da Lei n. 10.887/2004, ante o reconhecimento da inconstitucionalidade do art. 12, inciso I, alínea H, da Lei n. 8.212/91, com a redação dada pela Lei n. 9.506/97. 8. O Supremo Tribunal Federal, recentemente, no julgamento das ADINs 4357 e 4425, reconheceu, por arrastamento, a inconstitucionalidade do art. 5º da Lei n. 11.960/09, que deu nova redação ao art. 1º-F da Lei n. 9.494/97, de forma que se deve restabelecer ao *status quo ante*. Assim, nas causas previdenciárias, ao valor da condenação deverão incidir juros de mora à razão de 1% (um por cento) ao mês, a contar da citação (Súmula 204/STJ) e correção monetária de acordo com os índices recomendados pelo Manual de Orientação de Procedimentos para os Cálculos na Justiça Federal, aprovado pela Resolução n. 561, de 02.07.2007, editada pelo Conselho da Justiça Federal. 9. Remessa oficial improvida. (TRF-5 – REO: 200982000024170,

---

(4) Disponível em: <http://www.brasil.gov.br/cidadania-e-justica/2015/11/expectativa-de-vida-do-brasileiro-sobe-para-75-2-anos>. Acesso em: 7 jun. 2016.

Relator: Desembargador Federal Bruno Teixeira, Data de Julgamento: 15.10.2013, Quarta Turma, Data de Publicação: 17.10.2013)[(5)].

O TRF da 5ª região opta pela inclusão do período contributivo do regime privado de previdência para o cálculo da aposentadoria utilizando o cálculo dos salários de benefício como a média aritmética simples dos maiores salários de contribuição, correspondentes a, no mínimo, oitenta por cento de todo o período contributivo decorrido desde a competência julho de 1994.

PROCESSUAL CIVIL E PREVIDENCIÁRIO. EMBARGOS DE DECLARAÇÃO NO AGRAVO REGIMENTAL NO RECURSO ESPECIAL. APOSENTADORIA POR TEMPO DE SERVIÇO/ CONTRIBUIÇÃO. AUSÊNCIA DE OMISSÃO OBSCURIDADE, CONTRADIÇÃO OU ERRO MATERIAL. EMBARGOS DE DECLARAÇÃO REJEITADOS.

1. Os embargos de declaração têm a finalidade simples e única de completar, aclarar ou corrigir uma decisão omissa, obscura ou contraditória, afirmação que se depreende dos incisos do próprio art. 535 do CPC. Portanto, só é admissível essa espécie recursal quando destinada a atacar, especificamente, um desses vícios do ato decisório, e não para que se adeque a decisão ao entendimento dos embargantes, nem para o acolhimento de pretensões que refletem mero inconformismo, e menos ainda para rediscussão de matéria já resolvida.

2. Não havendo omissão, obscuridade, contradição ou erro material, merecem ser rejeitados os embargos declaratórios interpostos com o propósito infringente.

3. Embargos de declaração rejeitados.[(6)]

O STJ se manifestou no sentido de que há incidência do fator previdenciário no cálculo do salário de benefício da aposentadoria por tempo de serviço de professor quando o segurado não tiver tempo suficiente para a concessão do benefício anteriormente à edição da Lei n. 9.876, de 1999.

4. ANÁLISE DA ARRECADAÇÃO LÍQUIDA E DESPESAS COM BENEFÍCIOS PREVIDENCIÁRIOS ENTRE OS MESES DE MARÇO/2015 A FEVEREIRO/2016

Tencionando uma modificação na estrutura das contas previdenciárias brasileiras o Fator Previdenciário foi efetivado com o intento de promover o equilíbrio entre as receitas e despesas do Regime Geral de Previdência Social (RGPS), na realidade essa fórmula reduz o benefício do segurado que antecipa sua aposentadoria.

Ao confrontar entre suas variáveis o tempo de contribuição e a idade da aposentadoria o fator interfere na arrecadação e no importe de benefícios emitidos, delongando a saída do segurado que precisa permanecer mais tempo no mercado de trabalho.

Questão relevante é saber se realmente a implantação do fator previdenciário conseguiu de fato promover o equilíbrio entre as receitas e despesas, uma vez que, em função do envelhecimento acelerado da população, haverá necessidade de maior financiamento. O fator proporcionou uma economia para os cofres públicos, mas segundo estudos de Lima; Wilbert e Paulo (2010) a sua implantação não conseguiu promover o equilíbrio entre as receitas e despesas do RGPS entre 1988 e 2010. O estudo ainda mostra que mesmo após a implantação do fator houve um aumento no pagamento dos benefícios indicando que o referido instituto não foi capaz de desestimular as aposentadorias precoces.

Na busca de dados recentes, encontra-se esta tabela do Ministério do Trabalho e Previdência Social (2016) para que se possa fazer uma análise no intuito de avaliar se houve um equilíbrio entre receitas e despesas:

(5) Disponível em: <http://trf-5.jusbrasil.com.br/jurisprudencia/24314256/reo-remessa-ex-officio-reo-200982000024170-trf5?ref=topic_feed>. Acesso em: 7 jun. 2016.

(6) Disponível em: <http://www.jusbrasil.com.br/diarios/110046900/stj-01-03-2016-pg-1459>. Acesso em: 7 jun. 2016.

TABELA 01 – ACUMULADO NOS ÚLTIMOS 12 MESES – EM R$ MILHÕES NOMINAIS[7]

Item	Acumulado (março/15 a fevereiro/16)
1. Arrecadação Líquida Total	**352.492,3**
1.1 Urbana	345.221,3
1.2 Rural	7.229,6
1.3 Comprev	41,3
2. Despesa com Benefícios	**445.492,3**
2.1 Benefícios Previdenciários	433.854,6
2.1.1 Urbano	336.169,6
2.1.2 Rural	97.685,0
2.2 Passivo Judicial	9.848,8
2.2.1 Urbano	7.511,1
2.2.2 Rural	2.337,7
2.3 Comprev	1.788,9
3. Resultado Previdenciário (1 - 2)	**(93.000,1)**
3.1 Urbano (1.1 + 1.3 - 2.1.1 - 2.2.1 - 2.3)	**(207,0)**
3.2 Rural (1.2 - 2.1.2 - 2.2.2)	**(92.793,1)**
4. Resultado Previdenciário excluindo Renúncias, Passivo Judicial e COMPREV	**(81.362,3)**
4.1 Urbano	**9.093,1**
4.2 Rural	**(90.455,4)**

Fonte: Fluxo de Caixa INSS; informar/DATAPREV.
Elaboração: SPPS/MPS.

Analisando a tabela podemos observar que há um déficit previdenciário em que a arrecadação líquida total entre os meses de março/2015 e fevereiro/2016 foi de 352.492,3 e a despesa com benefícios foi de 445.492,3 resultando em um saldo negativo de – 93.000,1.

Verifica-se que não houve um equilíbrio entre as receitas e despesas ressaltando a necessidade de uma reforma previdenciária que de fato estruture a Previdência, assegurando os direitos fundamentais e promovendo a sustentabilidade para o sistema.

5. A REGRA 85/95 PARA SUBSTITUIR O FATOR PREVIDENCIÁRIO

Para um contribuinte do INSS requerer a aposentadoria deve, se mulher, ter idade mínima de 60 anos + 30 anos de tempo de contribuição e para os homens a idade mínima é de 65 anos + 35 anos de tempo de contribuição, na conjuntura de se aposentar antes de atingir estes critérios ficarão sujeitos ao fator previdenciário, prejudicando assim quem, por exemplo, começou a trabalhar mais cedo e quer se aposentar com idade inferior a sessenta ou sessenta e cinco anos de idade pois já contribuíram mais que trinta ou trinta e cinco anos ao INSS.

A nova regra soma a idade do contribuinte com o tempo de contribuição tendo como resultado 85 anos para mulheres e 95 para os homens.

Esta é a regra 85/95 criada pela MP n. 676/2015 e convertida na Lei n. 13.183/2015. Em suma é uma forma de conceder a aposentadoria de uma forma mais equânime, visto que o valor que será recebido a título de provento não será reduzido pela aplicação do Fator Previdenciário. Ela é progressiva, pois aumentará valores até atingir 90/100, 90 anos para mulheres e 100 para os homens até o ano de 2027.

Eleger qual opção seria mais vantajosa para o segurado, seja pela incidência do Fator Previdenciário ou pela aplicação da nova regra, é refletir em valores reais em que o contribuinte pode vir a perder ou ganhar.

Presume-se que um contribuinte homem com 60 anos de idade e 35 anos de contribuição ganhe por volta de R$ 2.000,00, com a incidência do fator seu benefício ficaria em torno de R$ 1700,00, já com a aplicação da nova regra que soma a idade mais o tempo de contribuição sendo 85 "pontos" para mulheres e 95 para homens este contribuinte atingiria a pontuação completa e receberia o valor integral.

Se a soma entre a idade e o tempo de contribuição for de, no mínimo, 85 para mulher e de 95 para homem o fator previdenciário não se aplica no cálculo do benefício que será recebido. Ao atingir os pontos necessários, o trabalhador consegue receber a aposentadoria integral, que equivale a 100% da sua média salarial que leva em conta os 80% maiores salários recebidos desde 1994.

(7) Disponível em: <www.mtps.gov.br/images/Previdencia/ResultadoRGPS201602urbanorural.ppt>. Acesso em: 9 jun. 2016.

Nem sempre a opção mais vantajosa será a regra 85/95 e a lei permite que o contribuinte opte pela regra antiga. A seguir apresenta-se uma tabela com uma simulação de cálculo dos valores que o contribuinte receberá na aposentadoria pelo INSS, considerando que a média salarial seja de R$3.000,00.

TABELA 02 – VALORES AUFERIDOS PELO CONTRIBUINTE A TÍTULO DE APOSENTADORIA CONSIDERANDO UMA MÉDIA SALARIAL DE R$3.000,00 COM A INCIDÊNCIA DO FATOR E PELA REGRA 85/95 (8)

IDADE	INCIDÊNCIA DO FATOR PREVIDENCIÁRIO					
	TEMPO DE CONTRIBUIÇÃO					
	35	36	37	38	39	40
55	R$ 2.100,60	R$ 2.164,50	R$ 2.229,00	R$ 2.293,50	R$ 2.358,00	R$ 2.423,10
56	R$ 2.181,00	R$ 2.247,60	R$ 2.314, 20	R$ 2.381,40	R$ 2.448,30	R$ 2.515,80
57	R$ 2.267,10	R$ 2.336,10	R$ 2.405,40	R$ 2.475,00	R$ 2.544,90	R$ 2.614,80
58	R$ 2.358,90	R$ 2.430,60	R$ 2.502,90	R$ 2.575, 20	R$ 2.647,80	R$ 2.720,40
59	R$ 2.446, 20	R$ 2.520,90	R$ 2.595,60	R$ 2.670,60	R$ 2.745,90	R$ 2.821, 20
60	R$ 2.550,90	R$ 2.628,60	R$ 2.706,60	R$ 2.784,60	R$ 2.863, 20	R$ 2.941,80
61	R$ 2.796,90	R$ 2.882,10	R$ 2.967,30	R$ 3.053,10	R$ 3.138,90	R$ 3.225,30
62	R$ 2.771,70	R$ 2.856,00	R$ 2.940,30	R$ 3.025, 20	R$ 3.110,40	R$ 3.195,90
63	R$ 2.887, 20	R$ 2.974,80	R$ 3.063,00	R$ 3.151,50	R$ 3.240,00	R$ 3.329,10
64	R$ 3.027,30	R$ 3.119,40	R$ 3.211,80	R$ 3.304, 20	R$ 3.397, 20	R$ 3.490,50
REGRA 85/95						
55	R$ 2.100,60	R$ 2.164,50	R$ 2.229,00	R$ 2.293,50	R$ 2.358,00	R$ 3.000,00
56	R$ 2.181,00	R$ 2.247,60	R$ 2.314, 20	R$ 2.381,40	R$ 3.000,00	R$ 3.000,00
57	R$ 2.267,10	R$ 2.336,10	R$ 2.405,40	R$ 3.000,00	R$ 3.000,00	R$ 3.000,00
58	R$ 2.358,90	R$ 2.430,60	R$ 3.000,00	R$ 3.000,00	R$ 3.000,00	R$ 3.000,00
59	R$ 2.446, 20	R$ 3.000,00	R$ 3.000,00	R$ 3.000,00	R$ 3.000,00	R$ 3.000,00
60	R$ 3.000,00	R$ 3.000,00	R$ 3.000,00	R$ 3.000,00	R$ 3.000,00	R$ 3.000,00
61	R$ 3.000,00	R$ 3.000,00	R$ 3.000,00	R$ 3.000,00	R$ 3.000,00	R$ 3.000,00
62	R$ 3.000,00	R$ 3.000,00	R$ 3.000,00	R$ 3.000,00	R$ 3.000,00	R$ 3.000,00
63	R$ 3.000,00	R$ 3.000,00	R$ 3.000,00	R$ 3.000,00	R$ 3.000,00	R$ 3.000,00
64	R$ 3.000,00	R$ 3.000,00	R$ 3.000,00	R$ 3.000,00	R$ 3.000,00	R$ 3.000,00

Elaborado pela autora.

O contribuinte, estando com 61 anos e 38 anos de tempo de contribuição, receberá uma aposentadoria acima da média de R$ 3.000,00 com a incidência do Fator Previdenciário como demonstra a tabela, se tornando opção mais vantajosa uma vez que com esta mesma idade e tempo de contribuição, pela regra 85/95 o contribuinte atingiria a soma necessária para receber a aposentadoria, contudo receberia o valor integral que comparado ao valor recebido com a incidência do fator reverte-se em valor menor, ratificando desvantagem para o contribuinte.

Em contrapartida, o contribuinte com 55 anos e 40 anos de tempo de contribuição receberia o valor integral por ter atingido a pontuação necessária pela regra 85/95 para se aposentar, já com a incidência do fator o contribuinte se aposentando com esta idade e este tempo de contribuição receberia R$ 576,90 (quinhentos e setenta e seis reais e noventa centavos) a menos que se aposentando pela regra.

A ilustração a seguir apresenta as pontuações que entram no cálculo da aposentadoria pela nova regra, a partir de 2019 serão somados à pontuação final os pontos que entram no cálculo para concessão da aposentadoria, em razão da expectativa de vida que sobe a cada ano "esticando" o tempo de serviço do segurado.

(8) Tabela demonstrando uma simulação de valores a serem recebidos incidindo o fator previdenciário e a regra 85/95, considerando que o contribuinte tenha uma média salarial de R$3.000,00. Para construção desta tabela foi usada uma simulação de cálculo do fator previdenciário. Disponível em: <http://www.ieprev.com.br/simulador>. Acesso em: 10 jun. 2016.

Quando você quer se aposentar?
Em razão do aumento da expectativa de vida, pontos devem ser adicionados ao cálculo dependendo do ano de aposentadoria.

	PONTO que entra no cálculo	PONTUAÇÃO FINAL	PONTUAÇÃO FINAL
2015	+0 ponto	95	85
2016	+0 ponto	95	85
2017	+0 ponto	95	85
2018	+0 ponto	95	85
2019	+1 ponto	96	86
2020	+1 ponto	96	86
2021	+2 pontos	97	87
2022	+2 pontos	97	87
2023	+3 pontos	98	88
2024	+3 pontos	98	88
2025	+4 pontos	99	89
2026	+4 pontos	99	89
2027	+5 pontos	100	90

A partir de 2028, serão somados sempre **5 pontos**, ou vale a fórmula 90/100.

Fonte- Cálculo Progressivo da Aposentadoria do site g1. Globo (2015)[9]

Diante do exposto, cabe ao contribuinte avaliar o que é vantajoso, posto que os cálculos apresentados comprovam em qual situação reflete a real vantagem ou desvantagem, bem como é papel do órgão competente também elucidar ao segurado todas as vantagens de se optar por um ou outro.

6. CONSIDERAÇÕES FINAIS

A relevância do sistema previdenciário, que assegura aos trabalhadores e inativos o amparo dos riscos sociais, carece de atenção ao seu equilíbrio financeiro e atuarial, dado que é necessário preservar a Previdência para termos um sistema estável e perpétuo abstendo um rompimento econômico no futuro que sucederia em prejuízo para os cidadãos e para os cofres públicos. Sendo assim, através dos estudos contidos neste artigo verifica-se que uma reforma previdenciária que de fato estruture o sistema e equilibre as receitas e despesas é de suma importância respeitando o Princípio do Equilíbrio Financeiro e Atuarial, pois não havendo tal estabilidade acarretará em agravos consideráveis para os futuros contribuintes.

Analisar as vantagens e desvantagens da regra trazida pela Lei n. 13.183/2015 é refletir em valores reais de perda ou ganho financeiro para o contribuinte e cabe também ao órgão competente apresentar as vantagens de se optar pelo fator e pela aplicação da fórmula 85/95, que a meu ver ainda não é matéria esgotada e passível de alterações considerando que a expectativa de vida sobe a cada ano e o brasileiro se aposenta cada vez com idade mais avançada.

7. REFERÊNCIAS BIBLIOGRÁFICAS

BRASIL. *Constituição (1988)*. Constituição da República Federativa do Brasil. Brasília: Senado, 1988.

BRASIL. *Lei n. 13.183, de 4 de novembro de 2015*. Altera as Leis ns. 8.212, de 24 de julho de 1991 e 8.213, de 24 de julho de 1991, para tratar da associação do segurado especial em cooperativa de crédito rural e, ainda essa última, para atualizar o rol de dependentes, estabelecer regra de não incidência do fator previdenciário, regras de pensão por morte e de empréstimo consignado, a Lei n. 10.779, de 25 de novembro de 2003, para assegurar pagamento do seguro-defeso para familiar que exerça atividade de apoio à pesca, a Lei n. 12.618,

(9) Entenda o Cálculo da Aposentadoria. Disponível em: <http://g1.globo.com/economia/noticia/2015/11/entenda-o-calculo-progressivo-que-muda-o-fator-previdenciario051115.html>. Acesso em: 19 jun. 2016.

de 30 de abril de 2012, para estabelecer regra de inscrição no regime de previdência complementar dos servidores públicos federais titulares de cargo efetivo, a Lei n. 10.820, de 17 de dezembro de 2003, para dispor sobre o pagamento de empréstimos realizados por participantes e assistidos com entidades fechadas e abertas de previdência complementar e a Lei n. 7.998, de 11 de janeiro de 1990; e dá outras providências, publicado no DOU de 05.11.2015.

BRASIL. Portal Brasil. *Expectativa de vida do brasileiro sobe para 75, 2 anos.* Disponível em: <http://www.brasil.gov.br/cidadania-e-justica/2015/11/expectativa-de-vida-do-brasileiro-sobe-para-75-2-anos>. Acesso em: 7 jun. 2016.

BRASIL. Ministério do Trabalho e Previdência Social. Resultado do Regime Geral de Previdência Social – RGPS. Fevereiro/2016, Disponível em: Disponível em: <www.mtps.gov.br/images/Previdencia/ResultadoRGPS201602urbanorural.ppt>. Acesso em: 9 jun. 2016.

BRASIL. Tribunal Regional Federal, 5ª Região. Remessa Ex Officio: *REO 200982000024170*. Relator: Desembargador Federal Bruno Teixeira. Publicado 17.10.2013. Disponível em: <http://trf-5.jusbrasil.com.br/jurisprudencia/24314256/reo-remessa-ex-officio-reo-200982000024170-trf5?ref=topic_feed>. Acesso em: 7 jun. 2016.

BRASIL. Superior Tribunal de Justiça. *EDcl no AgRg no Recurso Especial n. 1.563.833 – RS (2015/0269820-5)*. Relator: Mauro Campbell Marques. Disponível em: <http://www.jusbrasil.com.br/diarios/110046900/stj-01-03-2016-pg-1459>. Acesso em: 7 jun. 2016.

CANAL G1. Globo. *Entenda o cálculo da nova aposentadoria.* Disponível em: <http://g1.globo.com/economia/noticia/2015/11/entenda-o-calculo-progressivo-que-muda-o-fator-previdenciario051115.html>. Acesso em: 20 jun. 2016.

LIMA, Diana Vaz de. WILBERT, Marcelo Driemeyer. PEREIRA, José Matias. *et al.* Análise do Impacto do Fator Previdenciário nos Grandes Números da Previdência Social entre 1988 e 2010. *O Impacto do Fator Previdenciário nos Grandes Números da Previdência Social,*R.Cont.Fin. –USP, São Paulo, v. 23, n. 59, p. 128-141, maio/jun/jul/ago.2012. Disponível em: <http://www.revistas.usp.br/rcf/article/view/48085>. Acesso em: 9 jun. 2016.

IBRAHIM, Fábio Zambitte. *Curso de Direito Previdenciário.* 19. ed. Rio de Janeiro: Impetus, 2014.

INSTITUTO DE ESTUDOS PREVIDENCIÁRIOS. *Simulador de Fator Previdenciário.* Disponível em: <http://www.ieprev.com.br/simulador>. Acesso em: 10 jun. 2016.

SANTOS, Marisa Ferreira dos. *Direito Previdenciário Esquematizado.* 4. ed. São Paulo: Saraiva, 2014.

TSUTIYA, Augusto Massayuki. *Curso de Direito da Seguridade Social.* 4. ed. São Paulo: Saraiva, 2013.

A Inconstitucionalidade da Exclusão do Menor sob Guarda da Condição de Dependente do Regime Geral de Previdência Social

Raíssa Ismelina Soares de Oliveira

Bacharel em Direito pela Faculdade Santo Agostinho. Advogada. Pós-graduanda em Direito do Trabalho e Previdenciário e em Docência no Ensino Superior.

1. INTRODUÇÃO

Este trabalho aborda sobre os principais aspectos envolvidos na alteração operada na Lei n. 8.213/1991 em seu art. 16. Prevê esse artigo o rol de beneficiários do Regime Geral de Previdência Social na condição de dependentes. Entre eles está o filho menor não emancipado de qualquer condição e contempla a presunção da dependência econômica sendo desnecessário comprovar que dependia economicamente do segurado, para fins de concessão de benefícios previdenciários.

Antes da alteração realizada pela Medida Provisória n. 1.523/1996, posteriormente convertida na Lei n. 9.528/1997, o § 2º do art. 16 da Lei n. 8.213/1991 contemplava o menor sob guarda como equiparado a filho. Contudo, com a alteração houve a exclusão do menor sob guarda e a exigência de prova da dependência econômica para o menor sob tutela.

Essa alteração na legislação previdenciária conflita com a Constituição Federal de 1988 que, em seu art. 227, prevê a doutrina da proteção integral da criança e do adolescente, materializada no Estatuto da Criança e do Adolescente – Lei n. 8.069/1990, em seu art. 33 que, por sua vez, expressamente declara que crianças e adolescentes sob guarda são dependentes de seu guardião para todos os fins, inclusive para fins previdenciários.

O problema relevante nesta pesquisa é definir se a referida alteração na lei previdenciária se adequa aos direitos das crianças e adolescentes.

O tema evidencia uma análise detalhada sobre o dever do Estado de executar as medidas necessárias para que as crianças e os adolescentes fiquem resguardados de situações que os coloquem em risco ou que lhes tolham o mínimo existencial, sem o qual a dignidade da pessoa humana perde sua validade. Tal tema revela-se de suma importância na medida em que se investiga a possibilidade do sistema normativo estar desamparando aqueles a quem são obrigados a proteger, violando as garantias de proteção previstas na Constituição da República Federativa do Brasil.

Pretende-se neste artigo, primeiramente abordar a evolução legislativa sobre o assunto. Num segundo momento, almeja-se abordar a diferenciação entre os institutos de colocação em família substituta e nessa seara perfazer uma abordagem crítica sobre a constitucionalidade da mudança legislativa. E por fim, pretende-se abordar os argumentos ensejadores da alteração da legislação previdenciária.

2. EVOLUÇÃO LEGISLATIVA DO MENOR SOB GUARDA NA CONDIÇÃO DE DEPENDENTE

Segundo Tsutiya (2013), na falta do arrimo da família, a sociedade entendeu por bem proteger os que dele dependiam, fazendo assim surgir a figura do dependente como beneficiário da Previdência Social. A redação original do 2º do art. 16 da Lei n. 8.213, de 1991 trazia que enteados, menores tutelados e do menor que por determinação judicial se achava sob a guarda do segurado como equiparados a filho, mediante declaração do segurado.

Contudo, a Medida Provisória n. 1.523, de 11 de outubro de 1996, mais tarde convertida na Lei n. 9.528, de 10 de dezembro de 1997, alterou o texto desse artigo supracitado passando a ter a redação da seguinte forma: "§ 2º o enteado e o menor tutelado equiparam-se a filho mediante declaração do segurado e desde que comprovada a dependência econômica na forma estabelecida no Regulamento". Essa nova redação excluiu o menor sob guarda do rol dos dependentes e ainda impôs ao enteado e o menor tutelado o ônus da comprovação de sua dependência econômica.

Ora, tal imposição é considerada injusta e ilógica, da mesma forma a que a retirada do menor sob guarda da condição de dependente é inconstitucional. A Consolidação das Leis do Trabalho e a Constituição Federal dispõem que é vedado qualquer tipo de trabalho ao menor de 16 anos, salvo a partir de seus 14 anos, na condição de aprendiz. Conclui-se assim que a dependência econômica dos menores é presumida, pois estes não podem prover seu próprio sustento. Dessa forma, se o segurado falecesse e fosse tutor de uma criança de 10 anos, por exemplo, seria perturbador prever que esta poderia se manter por seus próprios meios.

Além disso, o § 4º do art. 16 da Lei n. 8.213/1991, ao equiparar o menor tutelado e o enteado a filho, estabelece que a dependência econômica dos filhos menores e não emancipados é presumida, ou seja, não necessita de prova. Se a dependência econômica não é exigida dos filhos não deveria ser dos enteados, tutelados e, por conseguinte, do menor sob guarda.

Ademais, não é justificável distinguir o menor sob guarda do menor tutelado deixando apenas este como dependente. Dessa maneira, fere-se o princípio da isonomia caracterizando-se em discriminação, pois os institutos da guarda e da tutela são similares e ambos têm a pretensão de proteger o menor em situação de vulnerabilidade.

Para que o menor sob guarda e enteado e o menor tutelado, sem prova da dependência econômica, possam fazer jus ao benefício, teriam que ter preenchido os requisitos até o dia 11 de outubro de 1996, data do advento da MP n. 1.523. Porém, no caso do segurado que falece após a vigência da MP, no ponto de vista de Santos (2014), não haveria direito adquirido, pois a relação jurídica entre dependente e previdência só se materializa quando do falecimento do segurado ou de seu recolhimento à prisão, não há que se falar em direito adquirido. Além disso, no caso dos benefícios de pensão por morte e auxílio-reclusão, aplica-se a legislação vigente no momento da ocorrência do fato gerador em decorrência do princípio do *tempus regit actum*. Nesse caso, se o fato gerador é a morte do segurado, a lei vigente na data da morte é que será aplicada ao caso.

Porém, o Estatuto da Criança e do Adolescente, Lei n. 8.069, de 1990, em seu art. 33, § 3º dispõe que a guarda confere à criança ou adolescente a condição de dependente, para todos os fins, inclusive previdenciários.

3. INSTITUTOS DE COLOCAÇÃO EM FAMÍLIA SUBSTITUTA

O ordenamento jurídico brasileiro eleva a família ao *status* de base, alicerce de toda organização social como prevê o art. 226, *caput*, da Constituição Federal: A família, base da sociedade, tem especial proteção do Estado.

O Estatuto da Criança e do Adolescente, objetivando cumprir os preceitos constitucionais de que toda criança ou adolescente deve crescer em uma família, adotou a regra de que os filhos devem permanecer em sua família biológica, sendo a colocação em lar substituto uma medida de caráter excepcional, aplicada apenas em casos específicos, quando os direitos da criança ou adolescente tiverem sido ameaçados ou lesados, e desde que previamente submetida aos procedimentos legais cabíveis.

Desse modo, os institutos da adoção, da tutela e da guarda se mostram voltados a colocar crianças e adolescentes em família substituta, de forma a garantir-lhes a convivência familiar nos casos em que não podem permanecer com a família biológica.

Quando da colocação de uma criança ou adolescente em família substituta devem ser obedecidos os critérios do Estatuto da Criança e do Adolescente, arts. 28 e 29, que para Liberati (2009, p. 3) são:

> a) a oitiva da criança e do adolescente, sempre que possível e com consideração de sua opinião;
>
> b) observação do grau de parentesco e a relação de afinidade ou de afetividade entre a criança ou o

adolescente e os requerentes do pedido de colocação em família substituta, com o objetivo de minorar as consequências da medida;

c) a família deve oferecer ambiente familiar adequado, devendo ainda o interessado não apresentar qualquer incompatibilidade com a medida. [sic].

Há, portanto, as seguintes formas de colocação em família substituta: adoção, tutela e guarda, que serão abordas na sequência.

3.1. Adoção

A adoção é a forma mais geral de colocação em família substituta. É um ato jurídico que visa estabelecer o estado de filiação e paternidade, entre adotado e adotante, na qual depende de autorização judicial. É também ato personalíssimo que atribui a condição de filho para todos os efeitos, desvinculando a criança ou o adolescente de sua família natural podendo haver alteração do nome do adotado. A adoção é permitida apenas se for benéfica para o adotado em respeito ao princípio do melhor interesse da criança.

3.2. Tutela

A tutela tem por objetivo proteger os menores de 18 anos, não emancipados, que por qualquer motivo não estejam sob o poder familiar dos pais. É aplicável nas hipóteses previstas no art. 1.728 do CC, quais sejam: quando os pais forem falecidos ou julgados ausentes ou quando decaírem do poder familiar. O tutor é o representante legal do tutelado. Diversamente da guarda, de acordo com Veronese (2006, p. 29) a tutela não pode coexistir com o poder familiar, tendo assim por pressuposto a prévia perda ou suspensão deste.

Nesse sentido, tem-se como obrigações exigidas ao tutor, além de vindicar respeito e obediência, a administração do patrimônio do menor, a direção da educação, a prestação de alimentos, a defesa dos interesses do tutelado, etc., não compete ao tutor disciplinar o menor como se pai fosse, cabendo, nesta hipótese, recorrer ao judiciário.

3.3. Guarda

Faz-se necessária a conceituação do instituto da guarda para o perfeito esclarecimento do objeto desse trabalho. Não se deve confundir como ensina Castro e Lazzari (2014) a guarda de mãe e pai biológicos determinada na ocasião do divórcio litigioso, em que o menor fica sob o poder familiar de um dos pais ou de ambos com a guarda de menor em processo de tutela ou adoção.

Este instituto, de acordo com Maciel (2013) é uma das modalidades de colocação da criança ou adolescente em família substituta na qual o detentor toma para si a responsabilidade de prestar toda a assistência e opor-se a terceiros, regularizando a posse, no sentido de companhia e guarda, da criança ou do adolescente.

Nesse caso, há a transferência do dever/direito de guarda, atributo do poder familiar, de forma que o menor possua um responsável judicialmente nomeado e não apenas de fato, caracterizando assim a mudança no exercício do encargo da guarda e não de titularidade do poder familiar.

A guarda para Ramos (2015):

> [...] tem por objetivo regularizar a convivência de fato, atribuindo ao guardião vínculo e representação jurídica em relação ao menor, obrigando o guardião a promover a assistência moral, material e educacional, permitindo-lhe se opor a terceiros, inclusive aos pais.

Esse instituto não retira o poder familiar dos pais biológicos, todavia, tem o poder de limitar o exercício deste poder o qual é transferido ao guardião.

A tutela também é uma forma de inserir o menor em uma família substituta. Pressupõe, distinguindo da guarda, por ser uma prévia destituição ou suspensão do poder familiar dos pais. Tem por objetivo suprir a ausência de representação legal, assumindo o tutor tal obrigação no caso de ausência dos genitores.

Dispõe o art. 33 do ECA que:

> Art. 33. A guarda obriga a prestação de assistência material, moral e educacional à criança ou adolescente, conferindo a seu detentor o direito de opor-se a terceiros, inclusive aos pais.
>
> § 1º A guarda destina-se a regularizar a posse de fato, podendo ser deferida, liminar ou incidentalmente, nos procedimentos de tutela e adoção, exceto no de adoção por estrangeiros.
>
> § 2º Excepcionalmente, deferir-se-á a guarda, fora dos casos de tutela e adoção, para atender a situações peculiares ou suprir a falta eventual dos pais ou responsável, podendo ser deferido o direito de representação para a prática de atos determinados.
>
> § 3º A guarda confere à criança ou adolescente a condição de dependente, para todos os fins e efeitos de direito, inclusive previdenciários.
>
> § 4º Salvo expressa e fundamentada determinação em contrário, da autoridade judiciária competente, ou quando a medida for aplicada em preparação para adoção, o deferimento da guarda de criança ou

adolescente a terceiros não impede o exercício do direito de visitas pelos pais, assim como o dever de prestar alimentos, que serão objeto de regulamentação específica, a pedido do interessado ou do Ministério Público.

Antes porém o código de menores de 1927 em seu art. 27:

> Entende-se por encarregado da guarda do menor a pessoa que, não sendo seu pai, mãe, tutor, tem por qualquer título a responsabilidade da vigilância, direcção ou educação dele, ou voluntariamente o traz em seu poder ou companhia. [sic]

Já o Código de 1979, substitui o conceito de guarda por de responsável como se observa em seu art. 2º, parágrafo único: "entende-se por responsável aquele que, não sendo pai, mãe, tutor, tem por qualquer título a responsabilidade da vigilância, direção ou educação dele, ou voluntariamente o traz em seu poder ou companhia".

Para Cahali (2013) coordenador Cury, a CF de 1988 elevou o direito à convivência familiar e comunitária, em seu art. 227, a direito fundamental assim como o direito à saúde, à alimentação, à educação, ao lazer, à profissionalização, à cultura, à dignidade, ao respeito e à liberdade.

Não obstante, o código de Menores ter sido revogado pela Lei n. 8.069, de 1990, ele continua mencionando o termo "detentor" no singular, contudo entende-se que a guarda poderá ser deferida a um casal. Dessa forma, para Maciel (2013) a criança ou o adolescente deve idealizar seus guardiões como sua família natural, se sentindo aconchegado. Para o caso de morte do segurado, por exemplo, o menor sob guarda que o tinha como responsável e protetor, perderá toda a proteção e assistência já que a lei não o ampara.

3.4. Inconstitucionalidade da exclusão do menor sob guarda

O art. 33, § 3º, do ECA expressa que o menor sob guarda é dependente deste para todos os fins, inclusive previdenciários.

Nesse sentido Balera (2011, p. 276) explicita que:

> É estranhíssima a exclusão de menor sob guarda do rol de dependente, consoante dispunha a primitiva redação do § 2º do art. 16. O pretexto utilizado pelo Poder Executivo para propor a exclusão foi o comum em todas as distintas fórmulas de redução de direitos sociais: a existência de fraudes. Contra essa cabal afronta aos direitos da criança e do adolescente carentes insurgiu-se o Ministério Público que aforou diversas ações civis públicas propugnando pelo retorno à proteção social do menor sob guarda.

Em relação às ações civis públicas a que se refere o autor, o Ministério Público Federal as ajuizou com o intuito de obter o reconhecimento do menor sob guarda como dependente. Em razão dessas ações o Instituto Nacional do Seguro Social publicou a IN INSS/DC n. 106/2004 fazendo menção a configuração da qualidade de dependente do menor sob guarda apesar da Lei n. 9.528/1997 não prever apenas nos Estados de São Paulo, Minas Gerais, Sergipe e Tocantins. No entanto, de acordo com Santos (2014) a IN INSS/DC n. 106/2004 teve sua vigência cassada no Estado de São Paulo. Cabe aqui ressaltar que várias outras ações civis públicas, com esse objetivo foram protocoladas, não obstante haver liminares favoráveis e até mesmo sentenças de mérito positivas a esse respeito, de acordo com Salvador (2012) elas estão superadas, restando apenas os Estados de Minas Gerais e Tocantins a não excluir o menor sob guarda do rol de dependentes.

Apesar de parecer pacificado esse entendimento não se pode desnaturar os combativos argumentos contrários a exclusão, que fazem uma análise com base na razão e axiologia da proteção conferida ao menor, que dentre vários direitos, primou-se também, pela extensão aos previdenciários.

O STJ, em julgamento de Embargos de Divergência decidiu que por ser a lei previdenciária especial prevaleceria sobre o ECA.

Contudo, o Estatuto da Criança e do Adolescente decorre do art. 227 da Constituição Federal e dessa forma, está sob proteção do art. 60 da Constituição Federal onde insere os direitos e garantias individuais como imutáveis, não sendo possível abolir estes direitos nem mesmo por intermédio de emenda constitucional podendo apenas acrescentá-los.

Ao retirar o menor sob guarda do texto da Lei n. 8.213, de 1991, a Lei n. 9.528/1997 torna-se inconstitucional, porque aboliu direito fundamental por intermédio de lei ordinária. Uma lei hierarquicamente inferior à Constituição Federal excluiu um direito que nem mesmo a própria poderia abolir. Por outro lado, de acordo com Ramos (2015) o Estatuto da Criança e do Adolescente continua em total vigência garantindo ao menor sob guarda todos os direitos previdenciários, inclusive a condição de dependente para fins de recebimento do benefício dos benefícios.

4. ARGUMENTOS CONTRÁRIOS À INSERÇÃO DO MENOR SOB GUARDA COMO DEPENDENTE

O principal argumento utilizado pelo Poder Executivo para a exclusão do menor sob guarda do rol de dependentes dos segurados da Previdência Social é a ocorrência frequente de fraudes ao sistema, casos nos quais os avós assumem a guarda dos netos com a finalidade de que os mesmos se tornem dependentes exclusivamente para fins previdenciários.

O STJ vinha se posicionando no sentido de que prevaleceria a norma previdenciária pois ela seria a norma especial e o Estatuto seria norma geral. Além disso, não se poderia criar, majorar ou implementar qualquer benefício, sem prévia fonte de custeio, não podendo nesse sentido habilitar o menor sob guarda judicial como dependente se a lei não previu. No mesmo sentido, pode-se citar, entre outros, os seguintes precedentes deste Tribunal: EREsp 859.277/PE, 3ª Seção, DJe 27.02.2013; AgRg no REsp 1004357/RJ, Rel. 5ª T., DJe 05.12.2012; AgRg no REsp 1285355/ES, 5ª Turma, DJe 04.03.2013; AgRg no RMS 30.045/MT, 6ª Turma, DJe 21.11.2011 e AgRg no REsp 1352754/SE, 2ª T., DJe 14.02.2013.48 que preservem o equilíbrio financeiro e atuarial, na organização da Previdência Social, necessidade imposta pela Constituição, em seu art. 201.

A respeito do tema, o Ministro Ruy Rosado Aguiar, no Recurso Especial n. 86.442-RJ, publicado no DJU de 03.03.1997, proferiu o seguinte voto:

> A responsabilidade primária e imediata da criação dos filhos é dos pais, e não dos avós, porque são eles que têm maiores possibilidades e melhores condições biológicas de acompanhar o desenvolvimento da criança até a maioridade. O falecimento dos avós antes de ser alcançado esse limite, probabilidade atuarialmente comprovada, não interfere no encargo dos pais, que continuam com o dever de prestar a assistência necessária aos filhos. Porém, se a neta passa a ser dependente da avó, os efeitos previdenciários dessa medida, em caso de seu falecimento, implicarão a oneração da previdência social, com o pagamento da pensão devida ao dependente, quando o dever de sustentar o filho era e deveria continuar sendo dos pais.[...]
>
> Confesso que a minha primeira impressão foi a de que a medida somente viria em benefício do menor, e daí a possibilidade de atendimento da pretensão. Refleti, porém, nas consequências do que disso poderia decorrer caso firmada orientação jurisprudencial no sentido de que os netos poderiam ser colocados, com o deferimento formal da guarda, como dependentes previdenciários dos avós, o que certamente teria importante reflexo no sistema previdenciário, e constituiria um desvio de finalidade da lei, seja a que regula o sistema da previdência, seja a da que protege a criança e o adolescente. Na verdade, haverá a parcial desoneração dos pais e a consequente imposição de um ônus à instituição de previdência, com o surgimento de beneficiários em uma escala que não corresponde à ordem natural das coisas, a exigir o refazimento dos cálculos de suas despesas e consequente aumento de receita.

Como visto, a exclusão do menor sob guarda do rol de dependentes da Previdência Social teve o objetivo de evitar fraudes por alguns segurados, para que não houvesse pagamento de pensões e benefícios fora das hipóteses legalmente previstas, posto que o menor não estaria efetivamente sob a guarda do instituidor da pensão.

No mesmo sentido, o Procurador Federal Hermes Arrais Alencar (2010, p. 227) esclarece que:

> A alteração legislativa buscou reverter o quadro crescente de avós que postulavam a guarda judicial dos netos, com o fim único de garantir a estes o direito a pensão por morte junto à previdência. Manipulavam o instituto da guarda judicial como se fosse instrumento de última vontade, na busca de outorgar ao neto o direito a benefício previdenciário, consistente na pensão por morte.

Para Ramos (2015), essa justificativa do Poder Executivo foi utilizada em praticamente todas as alterações que restrinjam o acesso aos benefícios previdenciários: a existência de fraudes.

Porém, o Ministro Arnaldo Esteves Lima, do STJ faz uma crítica a essa justificativa como se observa em seu voto no Recurso Especial n. 844.598-PI:

> (...) Existem muitas [guardas] que são legítimas, a pessoa obtêm a guarda de um menor legitimamente, pois quer proteger, tem condições, acha que é justo e merecido. Mas, aquele menor que está legitimamente numa situação desta, será colocado numa vala comum porque existem fraudes? As fraudes devem ser combatidas pela fiscalização, pela polícia, pelo aparelho preventivo e repressivo que a legislação coloca à disposição da nossa sociedade.

O Poder Executivo realiza as alterações na legislação previdenciária geralmente após as eleições e quase sempre por meio de Medida Provisória tendo essa mudança finalidade política ou econômica.

Em resumo, ao invés de o Poder Executivo investir em fiscalização, prefere tolher o direito do menor sob guarda a ser considerado dependente. Essa justificativa não vem sendo aceita, pois permanecem como dependentes o enteado e o menor tutelado, sendo essas situações também passíveis de fraude.

O ministro Benedito Gonçalves, em seu voto no Recurso Ordinário em Mandado de Segurança RMS 36034 MT 2011/0227834-9, ainda acrescenta:

> O fim social da lei previdenciária é abarcar as pessoas que foram acometidas por alguma contingência da vida. Nesse aspecto, o Estado deve cumprir seu papel de assegurar a dignidade da pessoa humana a todos, em especial ao menor, cuja proteção, conforme ressaltado, tem absoluta prioridade.
>
> De fato, o princípio da proteção integral da criança ou adolescente, afigura-se como corolário da dignidade da pessoa humana, tido como valor constitucional supremo, o próprio núcleo axiológico da Constituição, em torno do qual gravitam os direitos fundamentais.
>
> O Estatuto da Criança e do Adolescente não é uma simples lei, representa política pública de proteção à criança e ao adolescente, verdadeiro cumprimento da ordem constitucional, haja vista o art. 227 da Constituição Federal de 1988 dispor que é dever do Estado assegurar com absoluta prioridade à criança e ao adolescente o direito à vida, à saúde, à alimentação, à educação, ao lazer, à profissionalização, à cultura, à dignidade, ao respeito, à liberdade e à convivência familiar e comunitária, além de colocá-los a salvo de toda forma de negligência, discriminação, exploração, violência, crueldade e opressão.

O Estado Democrático de Direito preza pela dignidade da pessoa humana e por isso os juízes devem julgar de acordo com esse princípio. Por isso, ao intérprete não cabe atribuir à norma jurídica conteúdo que fira a dignidade da pessoa humana e, consequentemente, contra o princípio de proteção integral, uma vez que esses postulados são a base do Estado Democrático de Direito e têm a obrigação de orientar a interpretação de todo o ordenamento jurídico.

5. CONSIDERAÇÕES FINAIS

O tema deste artigo esteve voltado para a abordagem e análise crítica sobre a alteração na legislação previdenciária quanto à exclusão do menor sob guarda do rol dos dependentes. Tal alteração cria um conflito entre normas, pois, ao mesmo tempo em que o art. 16, § 2º, da Lei n. 8.213 não prevê o menor sob guarda como dependente como vinha prevendo até 2007, o Estatuto da Criança e do Adolescente preza pelo princípio da proteção integral e garante ao menor sob guarda proteção inclusive previdenciária.

Essa alteração não se mostra justificável, pois faz distinção entre dois institutos muito similares de colocação em família substituta, quais sejam guarda e tutela ferindo assim o princípio da isonomia.

A Constituição Federal em seu art. 227 prevê a doutrina da proteção integral à criança e ao adolescente elevando o direito à convivência familiar a direito fundamental. Nesse sentido, ao excluir o menor sob guarda do texto da Lei n. 8.213, de 1991, a Lei n. 9.528/1997 torna-se inconstitucional, porque revogou direito fundamental por intermédio de lei ordinária. O Estatuto da Criança e do Adolescente atende aos preceitos constitucionais garantindo a proteção ao menor sob guarda.

O principal argumento que ensejou a mudança legislativa foi a ocorrência de fraudes. Porém, o Poder Executivo deveria investir em fiscalização do que optar por mitigar o direito de pessoas que agem de boa-fé.

Se a finalidade social da lei previdenciária é justamente proteger as pessoas que se encontrem em alguma situação de contingência da vida, então a mudança legislativa fugiria desse fim. O Estado deve assegurar a dignidade da pessoa humana a todos sem fazer distinção e especialmente ao menor cuja proteção é tida como prioridade.

Há valores que se contrapõem aparentemente como a legalidade, previsão de custeio dos benefícios previdenciários e controle atuarial do regime da Previdência Social se contrapondo aos princípios da isonomia, da dignidade da pessoa humana e da proteção integral.

Portanto, para que o Estado Democrático de Direito em que vivemos preze pela dignidade da pessoa humana deve restabelecer, através de lei, o menor sob guarda como dependente no rol de segurados e enquanto não houver alteração legal, nos julgamentos, dever-se-á por observar a proteção integral à criança e ao adolescente.

6. REFERÊNCIAS BIBLIOGRÁFICAS

ALENCAR, Hermes Arrais. *Benefícios Previdenciários*. 4. ed. São Paulo: EUD. 2010.

BALERA, Wagner. *Legislação Previdenciária Anotada*. 1. ed. São Paulo: Conceito. 2011.

BRASIL. *Constituição (1988)*. Constituição da República Federativa do Brasil. Brasília: Senado, 1988.

BRASIL. *Lei n. 8.069, de 13 de julho de 1990*. Dispõe sobre o Estatuto da Criança e do Adolescente e dá outras providências. *Diário Oficial [da] República Federativa do Brasil*, Brasília, DF, 16 jul. 1990.

BRASIL. *Lei n. 8.213, de 24 de julho de 1991*. Dispõe sobre os Planos de Benefícios da Previdência Social e dá outras providências. *Diário Oficial [da] República Federativa do Brasil*, Brasília, DF, de 25 de jul. 1991, republicado 11 de abr. 1996 e republicado em 14 de ago. 1998.

BRASIL. *Lei n. 9.528/1997, de 10 de dezembro de 1997*. Altera dispositivos das Leis ns. 8.212 e 8.213, ambas de 24 de julho de 1991, e dá outras providências. *Diário Oficial [da] República Federativa do Brasil*, Brasília, DF de 11 de dez. 1997.

BRASIL. *Medida Provisória n. 1.523 de 27 de junho de 1997*. Altera dispositivos das Leis ns. 8.212 e 8.213, ambas de 24 de julho de 1991, e dá outras providências. *Diário Oficial [da] República Federativa do Brasil*, Brasília, DF de 28 de jun. 1997.

BRASIL. *Decreto n. 17.943-a de 12 de outubro de 1927*. Consolida as leis de assistencia e protecção a menores. *Diário Oficial [da] República Federativa do Brasil*, Brasília, DF de 31 de dez. 1927.

BRASIL. *Lei n. 6.697, de 10 de outubro de 1979*. Institui o Código de Menores. *Diário Oficial [da] República Federativa do Brasil*, Brasília, DF de 11 de out. 1977.

BRASIL. Ministério da Previdência Social. Instituto Nacional do Seguro Social. Diretoria Colegiada. *Instrução Normativa n. 106, de 14 de abril de 2004*. *Diário Oficial [da] República Federativa do Brasil*, Brasília, DF de 15 de abr. 2004.

CASTRO Carlos Alberto Pereira de; LAZZARI, João Batista. *Manual de Direito Previdenciário*. 16. ed. Rio de Janeiro: Forense, 2014.

CURY, Munir (Coord.); CAHALI, Yussef Said. *Estatuto da Criança e do Adolescente Comentado*. 12. ed. São Paulo: Malheiros Editores, 2013.

LIBERATI, Wilson Donizeti. Guarda Familiar. *Revista igualdade XXXIII*, v. 9 n. 33; 2001. Curitiba: Centro de apoio operacional das promotorias da criança e do adolescente. Disponível em: <http://www2.mp.pr.gov.br/cpca/telas/ca_igualdade_29.php>. Acesso em: 20 abr. 2016.

MACIEL, Kátia Regina Ferreira Lobo Andrade, *Curso de Direito da Criança e do Adolescente*. 6. ed. São Paulo: Saraiva, 2013.

MARTINS, Sergio Pinto. *Direito da Seguridade Social*. 34. ed. São Paulo: Atlas, 2014.

IBDFAM. *STJ adia decisão sobre o direito de menores sobre guarda de avós receberem pensão por morte*. Disponível em: <http://www.ibdfam.org.br/noticias/5865/STJ+adia+decis%C3%A3o+sobre+o+direito+de+menores+sob+guarda+de+av%C3%B3s+receberem+pens%C3%A3o+por+morte>. Acesso em: 20 maio 2016.

IBRAHIM, Fábio Zambitte. *Curso de Direito Previdenciário*. 19. ed. Rio de Janeiro: Impetus, 2014.

RAMOS, Waldemar Junior, *Dependentes que possuem direito ao benefício de pensão por morte e as novas regras da MP n. 664*. Disponível em: <http://ramosprev.jusbrasil.com.br/artigos/162582524/dependentes-que-possuem-direito-ao-beneficio-de-pensao-por-morte-e-as-novas-regras-da-mp-664>. Acesso em: 20 maio 2016.

SALVADOR, Sérgio Henrique. STJ e a pensão por morte do menor sob guarda: proteção ou restrição social? In: *Âmbito Jurídico*, Rio Grande, XV, n. 97, fev 2012. Disponível em: <http://www.ambito-juridico.com.br/site/index.php?n_link=revista_arts._leitura&art._id=11156>. Acesso em: maio 2016.

SANTOS, Marisa Ferreira dos, *Direito Previdenciário Esquematizado*. 4. ed. São Paulo: Saraiva, 2014.

TSUTIYA, Augusto Massayuki. *Curso de Direito da Seguridade Social*. 4. ed. São Paulo: Saraiva, 2014.

VERONESE, Josiane Rose Petry. *Os direitos da criança e do adolescente*. São Paulo: LTr, 2006.

A Liberdade que Oprime e a Lei que Liberta: a democratização da negociação coletiva brasileira

Thalyta Silvestre Silva Rabelo

Pós-graduada em Direito do trabalho e Previdenciário pela Faculdade de Direito Santo Agostinho; Graduada em Direito pela Faculdade de Direito Santo Agostinho. Email: thalyta31@yahoo.com.br.

1. INTRODUÇÃO

"Entre os fortes e fracos, entre ricos e pobres, entre senhor e servo é a liberdade que oprime e a lei que liberta" (Lacordaire, 1848) é com esta reflexão considerada por muitos como fundamento contemporâneo do Direito Trabalhista, que analisaremos tal proposta de alteração normativa.

Este artigo versa sobre o anteprojeto de lei denominado Acordo Coletivo especial ou Acordo Coletivo com propósito específico – ACE proposta de alteração legislativa apresentada pelo sindicato dos metalúrgicos do ABC Paulista apresentada em 2011 ao Poder Executivo Federal. Esta proposta tem como objetivo inserir os Comitês Sindicais de Empresa na estrutura de representação dos trabalhadores brasileiros, democratizando as relações de trabalho. Neste projeto eles poderiam efetuar negociações coletivas, tendo como único limite os direitos trabalhistas previstos no texto constitucional.

O surgimento desse projeto se deu durante a transição do governo de Luís Inácio Lula da Silva para o governo de Dilma Vanna Rousseff ainda sobre o reflexo da crise econômica de 2008, ainda sim o Brasil obteve um crescimento no número de empregos formais.

Nesse contexto, o sindicato dos metalúrgicos do ABC paulista entrega uma proposta de anteprojeto de lei intitulado de Acordo Coletivo com propósito específico ou Acordo Coletivo especial utilizando como justificativa o argumento da necessidade de modificação da legislação trabalhista como reflexo da situação atual do país.

Dessa forma, foi criado um novo instrumento normativo, o Acordo Coletivo especial que possibilita que um sindicato profissional habilitado pelo Ministério do Trabalho e do Emprego e uma empresa do setor econômico correspondente estipulem condições específicas do trabalho.

Destarte que, nesta representação percebe-se a prevalência do negociado sobre o legislado, o que poderia causar o descumprimento e colisão com os direitos fundamentais trabalhistas.

Os defensores da proposta do anteprojeto utilizam-se do discurso da liberdade e da representação sindical no ambiente de trabalho como argumentação para sua aprovação.

Entretanto, percebe-se que o acordo coletivo com propósito específico representa na verdade, a quebra do princípio da proteção, já que propõe a desregulamentação dos direitos trabalhistas, representando um retrocesso nas relações trabalhistas.

Como se vê, a importância do tema de modo geral desse projeto é compreender e analisar o acordo coletivo especial ou com propósito específico, assim como visualizar o perigo da proposta analisada e fomentar discussões sobre o tema.

Este trabalho tem como objetivo geral analisar e realizar uma reflexão sobre a proposta de alteração legislativa. Tendo como objetivo específico a realização de um estudo sobre o Acordo Coletivo com propósito específico e seus reflexos no Direito do Trabalho. Para tanto, para desenvolvimento deste trabalho foram realizadas pesquisas bibliográficas e teóricas, além do uso de artigos de periódicos.

2. ANÁLISE DA PROPOSTA

O sindicato dos metalúrgicos do ABC paulista apresentou uma proposta de anteprojeto de Lei que cria o denominado Acordo Coletivo com propósito específico que viabilizaria condições específicas de trabalho que seriam aplicáveis ao âmbito da empresa levando em consideração suas peculiaridades e a vontade de seus empregados.

Esta proposta ainda regulamenta os comitês sindicais de empresa – CSE e, ainda, confere aos sindicatos a autonomia de negociar sobre a legislação trabalhista, contribuindo para o incremento de um diálogo social.

De acordo com Viana (2011, p. 8.521):

> Embora tenha raízes mais afastadas no tempo, a participação ganhou força ao fim dos anos 60, nos países centrais, não só como ideia, mas como prática, servindo também de célula para lutas coletivas. Cerca de dez anos depois, desembarcaria em nosso país, pelas mãos do "novo sindicalismo".

No governo de Fernando Henrique Cardoso houve tal proposta, mas ao contrário da atual, esta acrescentaria uma ressalva ao art. 7º da Constituição da República. Assim, após a frase "são direitos dos trabalhadores urbanos e rurais" acrescentar-se-ia "salvo negociação coletiva".

Segundo os autores da nova proposta este quadro tem como objetivo buscar inovações como a realização de um Acordo Coletivo Especial com somente um sindicato profissional e uma empresa do respectivo setor econômico, desde que haja motivação específica que atenda às partes. Com argumento de que, a legislação atual não dá conta de resolver todos os conflitos e demandas, além de não alcançar as expectativas dos empregados e das empresas.

Além disso, essa proposta tinha como um de seus argumentos a valorização da negociação coletiva que passará a ser de forma democrática, criando o Acordo Coletivo com propósito específico ou Acordo Coletivo especial. Assim, um sindicato e uma empresa poderão estipular, com "segurança jurídica", condições de trabalho que serão aplicadas nas empresas e em suas relações.

Percebe-se que, há um processo global de mudanças que se baseiam em uma ideologia neoliberal que pressupõe o afastamento do Estado intervencionista, e dentre essa mudanças encontram-se as relações trabalhistas, buscando a flexibilização da legislação trabalhista. Trazendo um debate antigo, mas agora com a democratização da negociação coletiva.

Como resultado dessa flexibilização, segundo Viana (2014) nota-se o aumento do desemprego, do subemprego e da substituição dos contratos típicos pelos contratos atípicos. Como exemplos dessa flexibilização podemos citar: a redução do intervalo intrajornada (Portaria n. 42/2007) e recentemente a MP n. 680, convertida na Lei n. 13.189, de 2015 que institui o Programa de Proteção ao Emprego (PPE), que tem como um de seus objetivos auxiliar trabalhadores na preservação do emprego, além de flexibilizar a jornada de trabalho reduzindo em até 30% a jornada de trabalho e salário de todos os empregados ou de um setor específico da empresa.

> Art. 5º O acordo coletivo de trabalho específico para adesão ao PPE, celebrado entre a empresa e o sindicato de trabalhadores representativo da categoria da atividade econômica preponderante da empresa, pode reduzir em até 30% (trinta por cento) a jornada e o salário.

Nesse sentido, é imprescindível a análise do tema, tendo em vista o impacto social e as mudanças que causam na sociedade.

3. NEGOCIAÇÃO COLETIVA

Segundo Cassar (2014) negociação é a forma de um dos interessados obter uma solução que atenda aos dois, buscando uma solução pacífica para resolver as questões. A negociação coletiva demonstra maturidade e desenvolvimento nas formas de composição de litígios.

A negociação coletiva compreende todas as que envolvem um empregador ou um grupo de empregadores e uma ou várias organizações de trabalhadores com objetivo de disciplinar as relações entre estes e os empregadores, ou seja, determina como regra a possibilidade da melhoria da condição social do trabalhador, por meio de normas autônomas coletivas.

Assevera Cassar (2014, p. 1.236):

> Caracteriza-se como fonte de elaboração de normas positivas, portanto, como fonte material, as negociações coletivas têm como função a criação, modificação ou supressão de condições de trabalho, isto é, sua função é normativa ou flexibilizadora. Além disso, se destina à composição de conflitos, logo, também tem função pacificadora, servindo de importante instrumento de redução das demandas judiciais e estabilidade social. Não se está negando com isso o caráter obrigacional das normas resultantes da negociação coletiva, mas tão somente apontando as funções jurídicas mais importantes.

Sobre o tema ressalta-se, Hinz (2005, p. 97):

> A principal função do sindicato é defender os interesses de seus representados. No âmbito trabalhista, ao sindicato profissional cabe a obtenção de melhorias nas condições de trabalho dos empregados; no caso dos sindicatos patronais, resistir às pretensões dos sindicatos obreiros, além de municiar os representados de elementos que lhes sejam úteis no desempenho de suas atividades.

Ressalta-se, conforma Cassar (2014) a existência de outras funções na negociação coletiva, dentre as quais, a função política, a econômica e a social. A primeira intitulada função política relaciona-se com a estrutura política em que o Estado se desenvolve, nesta função o Estado tem como interesse que a luta de classes valorize as ações dos interlocutores sociais. A função econômica, por sua vez, consoante Cassar (2014) pode ocorrer quando há a necessidade de adaptação da empresa à realidade socioeconômica do país. Por fim, a função social da negociação caracteriza-se pela participação dos empregados nas decisões empresariais, resolvendo questões de âmbito social no ambiente de trabalho.

A negociação coletiva é considerada pela Organização Internacional do trabalho, como a melhor forma de composição dos conflitos coletivos.

Conforme Cassar (2014, p. 1.237):

> A Convenção n. 154 da OIT declara que a negociação coletiva deve ser praticada em todos os ramos de atividade econômica, inclusive no setor público, observada a legislação de cada país. Por sua vez, a Convenção n. 98 da OIT assegura a ampla liberdade sindical, tendo especial relevo no incentivo dos países no sentido de estimular internamente a criação de novas condições de trabalho através das convenções coletivas.

Como se vê, a negociação coletiva é considerada como forma de autocomposição de solução de conflitos, além de ser um instrumento democrático e de significativa relevância social. A negociação coletiva é meio para se chegar à Convenção Coletiva de Trabalho e o Acordo Coletivo de Trabalho.

Assim, a negociação coletiva é instrumento que vinculará a convenção e o acordo coletivo de trabalho, são consideradas fontes formais autônomas e são reconhecidos na Constituição Federal em seu art. 7º, XXVI.

Consoante Cassar (2014), o acordo coletivo de trabalho é um negócio jurídico extrajudicial efetuado entre sindicatos dos empregados e das empresas, obrigando as partes que acordaram dentro de um período de vigência, na base territorial da categoria e assemelhando-se à lei, segundo art. 611, § 1º, da CLT, como se vê:

> § 1º É facultado aos sindicatos representativos de categorias profissionais celebrar Acordos Coletivos com uma ou mais empresas da correspondente categoria econômica, que estipulem condições de trabalho, aplicáveis no âmbito da empresa ou das empresas acordantes às respectivas relações de trabalho.

Assim, a negociação coletiva se distingue do acordo coletivo, já que a negociação visa superar divergências entre as partes, enquanto o acordo é o resultado desse procedimento. Além disso, a negociação é obrigatória, enquanto a convenção ou acordo são facultativos.

No que se refere à convenção coletiva do trabalho a CLT a define como:

> Art. 611. Convenção Coletiva do trabalho é o acordo normativo, pelo qual dois ou mais Sindicatos representativos de categorias econômicas e profissionais estipulam condições de trabalho aplicáveis, no âmbito das respectivas representações, às relações individuais de trabalho.

Segundo Delgado (2008) as convenções coletivas, embora sejam de origem privada, criam normas autônomas, ou seja, preceitos abstratos e gerais, que irão normatizar situações futuras.

Quanto às distinções, segundo Delgado (2008) a convenção coletiva de trabalho tem em seus polos subjetivos entidades sindicais que representam empregados e empregadores. "É pacto subscrito por sindicatos representativos de certa categoria profissional e sindicatos representativos da correspondente categoria econômica." (Delgado, 2008, p. 138)

Por sua vez, sobre o acordo coletivo do trabalho assevera Delgado (2014, p. 138):

> ... tem em um de seus polos subjetivos empregadores não necessariamente representados pelo respectivo sindicato. As empresas, individualmente ou em grupo, podem subscrever, sozinhas, acordos coletivos com o correspondente sindicato representativo de seus empregados. A presença sindical somente é obrigatória quanto ao sindicato representativo dos trabalhadores vinculados à (s) empresa (s) que assina (m) o acordo coletivo de trabalho.

Sobre o caráter normativo cita-se Hinz (2005, p. 99):

> O caráter normativo a que se refere a norma decorre da força vinculante desses instrumentos em relação às suas disposições, as quais são aplicáveis a todos os representados pelas entidades signatárias, no caso da convenção coletiva de trabalho, e a todos os empregados de uma ou mais empresas representados pelo sindicato, no caso do acordo coletivo de trabalho. Quer dizer, o disposto em acordo ou convenção coletivos de trabalho atende ao requisito vinculador previsto no art. 5º, II, da CF.

Portanto, a negociação coletiva tem como objetivo a melhoria das condições sociais dos trabalhadores, fomentando, o diálogo social com finalidade de resolver conflitos nas relações trabalhistas.

4. ACORDO COLETIVO COM PROPÓSITO ESPECÍFICO E A DEMOCRATIZAÇÃO DA NEGOCIAÇÃO COLETIVA

O anteprojeto de lei foi denominado Acordo Coletivo com propósitos específicos ou Acordo Coletivo especial, realizado pelo sindicato dos metalúrgicos do ABC paulista, proposta esta sob o argumento de que "é preciso modernizar as relações de trabalho".

O sindicato acima mencionado criou uma cartilha utilizando de textos e figuras com intuito de demonstrar as melhorias obtidas desde o governo Lula, resultado de três anos de trabalho, estudos e debates.

> A ideia do projeto nasceu do desejo de estimular que o País adote a negociação coletiva como instrumento mais moderno para a solução dos conflitos pertinentes às relações de trabalho e à representação sindical no interior da fábrica, como condição fundamental à democratização das relações entre trabalhadores e empresas. (ACE, 2011, p. 3)

A Consolidação das Leis do Trabalho é mencionada como faca de dois gumes, sendo considerado, também, como um instrumento rígido.

Assim, conforme o ACE (2011, p. 13):

> A Consolidação das Leis do Trabalho/CLT está prestes a completar 70 anos. Agrupando leis anteriores, ela estabeleceu regras detalhadas e rígidas para normatizar as relações empregatícias, os processos judiciais pertinentes e a moldura obrigatória da vida sindical. Valeu como passo importante para proteger direitos individuais dos trabalhadores, mas limitou seus direitos coletivos. A nova legislação estabeleceu um excessivo controle do Estado sobre a relação entre capital e trabalho. Tolheu a liberdade sindical e restringiu o campo das negociações coletivas, elementos indispensáveis na vida democrática, que são exigidos nas convenções da Organização Internacional do Trabalho/OIT, das Nações Unidas. Como faca de dois gumes, a CLT acerta quando fixa patamares básicos para regular uma relação que sempre foi muito desigual entre capital e trabalho, posicionando-se em favor do polo mais fraco.

Dessa forma, segundo a proposta cabe ao Poder Judiciário criar mecanismos para assegurar um equilíbrio. Entretanto, a lei impossibilita a autonomia entre trabalhadores e empregadores, impondo a intervenção do Estado que se converte em uma barreira que obstrui o equilíbrio necessário. Já que, onde há o controle excessivo e regras que não atendem à atualidade, a liberdade morre.

Além disso, deram ênfase à necessidade do projeto e de que o modelo atual que acarreta riscos à segurança jurídica e aumentam os litígios, consoante ACE (2011, p. 32):

> A democracia garante a todos a liberdade de opinião e a diversidade de pensamentos. Sendo assim, por convicções pessoais, jurídicas, políticas e até partidárias, qualquer autoridade ou

> agente do trabalho (fiscal, procurador, juiz etc) pode antipatizar com essas experiências. Se a CLT contém dispositivos que podem ser invocados por uma autoridade discordante, fica instalada uma insegurança jurídica que traz riscos para todos. Sentenças podem anular o que já foi acordado, multas pesadas podem ser aplicadas, uma enxurrada de processos pode sobrecarregar ainda mais a Justiça do Trabalho e o departamento jurídico das empresas e sindicatos.

Em suma crescem o passivo trabalhista, as disputas litigiosas e aumentam-se as tensões. Como consequência, por um lado, há os trabalhadores e empresários interessados no avanço, que só perdem e a conquista, por consequente, é alcançada pelos segmentos mais atrasados.

Diante do contexto, esse seria o momento propício para buscar inovações no campo das relações de trabalho, já que a atual legislação não dá conta de resolver todas as demandas e conflitos, além de não atender às expectativas dos trabalhadores e nem das empresas.

Assim, criaram um novo instrumento normativo, o Acordo Coletivo de trabalho com propósito específico, segundo ACE (2011) que tem como propósito garantir a um sindicato profissional, desde que habilitado pelo Ministério do Trabalho e Emprego, e uma empresa do setor econômico correspondente a estipulação, com segurança jurídica, condições específicas de trabalho que serão aplicáveis no âmbito da empresa e às suas respectivas relações. Porém, as duas partes terão que preencher requisitos qualificativos à negociação, por parte do sindicato será necessária a representatividade comprovada e, por parte da empresa, o reconhecimento da representação sindical no local de trabalho e a comprovação de não estar relacionada a práticas antissindicais.

Portanto, a representatividade e a responsabilidade deverá ser condicionada a habilitação dos sindicatos pelo Ministério do Trabalho e Emprego e uma empresa. Para poder realizar o Acordo Especial estes estipularão condições específicas do trabalho, que são aquelas que em decorrência da especificidade da empresa e da vontade dos trabalhadores justificam adequações nas relações individuais e coletivas de trabalho e na aplicação da legislação trabalhista

Quanto aos requisitos previstos na ACE:

> Art. 9º Para celebração do Acordo Coletivo de Trabalho com Propósito Específico o sindicato profissional e a empresa deverão atender as seguintes exigências:
>
> II – A empresa:
>
> (...)
>
> b) não possuir qualquer pendência relativa à decisão condenatória transitada em julgado, cuja ação tenha sido promovida pelo respectivo sindicato profissional, por restrição ao exercício de direitos sindicais.

No que se refere à fiscalização do trabalho, ao identificar condições de trabalho estabelecidas por Acordo Coletivo de Trabalho com Propósito Específico deverá analisar se as condições de trabalho estão de concordância com o acordo, e em caso de desacordo com o instrumento normativo o auditor fiscal registrará a manifestação da empresa no auto de infração.

5. ACORDO COLETIVO ESPECIAL SUAS DIFERENÇAS E VIRTUDES

De acordo com cartilha disponibilizada pelo sindicato dos metalúrgicos, o Acordo Coletivo especial se diferencia dos atuais instrumentos de negociação coletiva, já que dispõe às partes a opção de negociar da melhor forma possível para ambas de utilização do direito em voga à determinada realidade.

Como já salientado, há dois instrumentos resultantes da negociação coletiva: a convenção coletiva e o acordo coletivo. Aquela é fruto entre sindicatos dos trabalhadores e das empresas e trata de questões relativas às duas partes. Esta, por sua vez, é resultante de negociações que ocorrem entre os sindicatos de determinada categoria com uma ou mais empresas para versar sobre condições de trabalho nestas empresas.

Nesta nova modalidade para celebração do acordo serão necessários, somente um sindicato e uma empresa correspondente à categoria econômica. Além disso, somente as demandas que não se enquadram em uma solução geral que poderiam ser submetidas à negociação para celebração do Acordo Coletivo Especial.

Por fim, ao definir como negociação o Acordo Coletivo Especial há o pressuposto de que existe uma representação sindical ativa e democrática, fazendo com que a empresa reconheça a representação sindical no local do trabalho.

A cartilha traz virtudes da proposta a primeira delas é a autonomia das partes, consoante o ACE (2011, p. 42):

> A proposta aperfeiçoa o marco institucional sobre negociação coletiva nesta questão fundamental: reconhece o direito de sindicatos organizados a partir do local de trabalho e empresas de criarem normas que resolvam boa parte de

suas demandas onde elas se manifestam, o local de trabalho. Esse aperfeiçoamento legal deve ser visto como uma das iniciativas em direção a um processo de transição da velha legislação para outra que valorize e estimule a autonomia das partes, onde a regulação das relações de trabalho acompanhe a dinâmica das transformações em curso no mundo do trabalho.

Ademais, a adesão é voluntária, já que criam instrumentos que possibilitam aos trabalhadores e empregadores normas específicas daquele local de trabalho. Além do mais, somente sindicatos profissionais em empresas que possuam práticas sindicais democráticas poderão realizar negociação coletiva, conforme ACE (2011, p. 42):

> Do lado dos sindicatos, é necessário obter habilitação no Ministério do Trabalho e Emprego, que só será concedida aos sindicatos que tiverem comitês sindicais de empresa – órgão de representação do sindicato profissional no local de trabalho – regulamentado em seu estatuto e instalado em uma ou mais empresas da base. Do lado empresarial, além do reconhecimento da representação sindical no local de trabalho, será indispensável à inexistência de condenações judiciais por práticas antissindicais.

Com esta lei, o sindicato dos trabalhadores e das empresas que tenham representação sindical no local de trabalho, chamados de Comitês Sindicais de Empresa, têm a possibilidade de estabelecer condições, normas de trabalho e formas de solução de conflitos, respeitando preceitos contidos no art. 7º da Constituição Federal, tendo como diferencial o uso de liberdade, assim não ficam presos à lei.

Ainda de acordo com a ACE (2011, p. 43):

> Quanto ao método para celebração e registro do Acordo Coletivo Específico, propõe-se a necessária votação por meio secreto (em urnas) e aprovação de, no mínimo, 60% dos votos apurados entre os trabalhadores envolvidos diretamente na negociação, além da comprovação de representatividade sindical definida pelo índice mínimo de sindicalização de 50% + 1 do total dos trabalhadores na empresa.

O Estado, por sua vez, passa a exercer um novo papel promovendo o equilíbrio das partes e de assegurar que a negociação coletiva em determinadas situações. Assim, o Estado não poderá intervir na organização das entidades sindicais.

Ao Ministério do Trabalho caberá a função de verificar a presença dos requisitos legais para a realização da negociação ou do acordo coletivo especial e fiscalizar o cumprimento deste.

Assim, sobre o discurso da necessidade de modernização da legislação trabalhista, foi vislumbrada tal proposta. Entretanto, a liberdade humana quando se afasta da dominação legalista do Estado, se vê entregue às aspirações da vontade momentânea. Daí o perigo de tal proposta, já que o empregado (hipossuficiente) irá se encontrar em posição de desvantagem perante os empregadores.

6. CONSIDERAÇÕES FINAIS

Este trabalho analisou o anteprojeto de lei denominado Acordo Coletivo especial ou Acordo Coletivo com propósito específico – ACE, proposta de alteração legislativa apresentada pelo sindicato dos metalúrgicos do ABC Paulista apresentada em 2011 ao Poder Executivo Federal. Esta proposta tem como objetivo inserir os Comitês Sindicais de Empresa na estrutura de representação dos trabalhadores brasileiros, democratizando as relações de trabalho. Neste projeto eles poderiam efetuar negociações coletivas, tendo como único limite os direitos trabalhistas previstos no texto constitucional.

Apesar de todo contexto, fundamentação e de suas vertentes, o projeto chama atenção para a utilização do verbo flexibilizar, sob o discurso da democratização da negociação coletiva com base na ideologia neoliberal.

Sobre o tema destaca-se a reflexão de que flexibilizar é o início para a desregulamentação, colocando em decadência a legislação do trabalho e todas as conquistas alcançadas. O que está sendo evocado é a concessão sem nada receber, ressaltando o princípio da irrenunciabilidade que tem como fundamento, segundo Cassar (2014) a natureza das normas trabalhistas que são de ordem pública que garantem que o empregado não pode renunciar ou transacionar seus direitos trabalhistas.

O anteprojeto de lei, também, denominado de Acordo Coletivo com propósito específico ou Acordo Coletivo especial tem como principal argumento de haver necessidade de modernizar as relações de trabalho, o que nos parece interessante.

No entanto, parece inseguro e perigoso tal proposta em termos futuros, não só pelo âmbito jurídico, mas também pelo significado de aceitação por parte dos sindicatos, retirando a efetividade da norma trabalhista e o enfraquecimento do princípio da imperatividade da norma trabalhista.

Sobre o ACE vê-se o objetivo de criar uma função extraordinária para um instituto já existente, o Acordo

Coletivo contido no art. 611, § 1º, da Consolidação das Leis do Trabalho. Entretanto, o Acordo Coletivo cumpre a sua função, não sendo necessária a criação, nem a fundamentação utilizada no aludido projeto.

A maior atenção deve estar voltada quando houver o envolvimento de direitos, já que por trás das negociações poderá haver renúncias de direitos. Além disso, pode ocorrer a negociação da própria Lei. Nesse sentido, por exemplo, contratos de experiência poderiam ter prazos estendidos por Acordos ou Convenções, possibilitando assim alterações prejudiciais. Da mesma forma, com relação ao 13º salário, este poderia ser fracionado, além disso, o prazo legal para rescisão do contrato poderia ser alterado de forma prejudicial. Por isso, inovações como esta representam grave lesão à ordem jurídica e às conquistas sociais.

De acordo com a proposta, a fiscalização do Ministério do Trabalho e Emprego seria limitada. Visto que, a função do fiscal é a de observar a existência da habilitação e dos requisitos, além de conferir se as condições de trabalho estão de acordo com o acordo.

Portanto, faz-se necessário a reflexão sobre a frase de Lacordaire que diz que entre fortes e fracos, entre ricos e pobres, entre senhor e servo é a liberdade que oprime e a lei que liberta. Esta frase, considerada fundamento contemporâneo do Direito do Trabalho, podemos refletir sobre a realidade do projeto acima analisado. A liberdade humana quando desprendida da "estrutura" legalista do Estado se vê entregue à vontade momentânea humana.

O Direito do Trabalho e sua legislação são de fundamental importância para efetivação de princípios, como o da igualdade. Protegendo assim, os trabalhadores da evidente desvantagem que têm perante seus empregadores.

Assim, os trabalhadores devem ter seus direitos garantidos e cumpridos, se não por meio da liberdade, será por meio da legalidade. Ou seja, a liberdade que oprime a lei que liberta e, se não cumprir com esta função de libertar, aproxima-se das "formas" de libertação, evidenciando o fato de que o Direito do Trabalho e sua legislação vem satisfazer aquilo que a sociedade não consegue.

Dessa forma, para compreensão do tema é necessário o contínuo debate, sendo assim, este trabalho não tem pretensão de esgotar o tema.

7. REFERÊNCIAS BIBLIOGRÁFICAS

BARROS, Alice Monteiro de. *Curso de direito do trabalho*. 4. ed. rev. e ampl. São Paulo: LTr, 2008.

BARROSO, Fábio Túlio; SILVA, Ana Flávia Dantas Figueiredo. *Acordo coletivo especial: Reflexões sobre a negociação coletiva sobrepondo o legislado no mundo do trabalho*. Disponível em: <http://www.publicadireito.com.br/arts./?cod=94773d762d5c6c3e>. Acesso em: 17 maio 2015.

CASSAR, Vólia Bomfim. *Direito do Trabalho*. 9. ed. rev. e atual Rio de Janeiro: Forense; São Paulo: Método, 2014.

DELGADO, Mauricio Godinho. *Direito coletivo do trabalho*. 3. ed. São Paulo: LTr, 2008.

______. *Curso de Direito do Trabalho*. São Paulo: LTr, 2014.

GOMES, Maíra Neiva; VIANA, Márcio Túlio. *O negociado sobre o legislado II: A aventura continua*. CONPEDI, 2011.

HINZ, Henrique Macedo. *Direito coletivo do trabalho*. São Paulo: Saraiva, 2005.

<http://www.publicadireito.com.br/artigos/?cod=94773d762d5c6c3e>. Acesso em: 19 jun. 2016.

<http://espacosocialista.org/portal/?p=1949>. Acesso em: 19 jun. 2016.

<http://legis.senado.leg.br/legislacao/ListaTextoIntegral.action?id=249910&norma=269386>. Acesso em: 19 jun. 2016.

<http://www.conteudojuridico.com.br/artigo,o-direito-trabalhista-e-seu-fundamento-contemporaneo,42325.html>. Acesso em: 19 jun. 2016.

<http://congressoemfoco.uol.com.br/noticias/outros-destaques/negociado-sobre-o-legislado-afronta-aos-direitos-sociais/.>. Acesso em: 19 jun. 2016.

Relação Jurídica de Filiação no Regime Geral de Previdência Social

Luciana Moraes de Farias

Advogada e Parecerista na área Previdenciária, Mestre em Direito Previdenciário pela PUC/SP, Presidente de honra benemérito do Instituto dos Advogados Previdenciários – IAPE. Concluiu o curso de Política e Estratégia CEPE 57 pela ADESG/SP – Associação dos Diplomados da Escola Superior de Guerra, Especialista em Direito Processual Civil pela PUC/SP, Especialista em Direito Previdenciário pela EPD/SP, Professora Universitária na Uniesp Suzano e em cursos de Pós Graduação e ESA, Palestrante do Departamento de Cultura e Eventos da OAB/SP, Palestrante Nacional e Internacional (Argentina, Cuba, Itália, Chile, Costa Rica, Genebra), autora do livro Auxílio-Acidente pela LTr e artigos jurídicos.

Luiz Augusto Moraes de Farias

Advogado nas áreas de Direito do Trabalho e Direito Previdenciário, Pós Graduado em Direito e Processo do Trabalho e Pós-Graduando em Processo Civil e Direito Civil pela EPD/SP, Professor de Direito Previdenciário e do Trabalho, Presidente do Grupo de Negócio BNI Infinity, Diretor Consulto do Grupo de Negócio BNI Smart, presidente da Comissão de Relações Institucionais do IAPE, Adesguiano.

1. RELAÇÃO JURÍDICA DE FILIAÇÃO

A filiação nasce do exercício de atividade laboral remunerada para os segurados obrigatórios e com o ato volitivo de vontade do pagamento da primeira contribuição para a previdência social para o segurado facultativo. Este instituto está previsto no art. 20 do Decreto n. 3.048/1999[1].

A relação jurídica de filiação é única e pessoal, ainda que o segurado exerça mais de um emprego ou atividade remunerada.

É relação jurídica formada entre a pessoa física maior de 16 anos e o Estado, por meio do órgão gestor, o Instituto Nacional do Seguro Social, visando proporcionar amparo, mediante benefícios e serviços ao segurado.

A principal finalidade do Estado é envolver a pessoa no seguro social.

O órgão gestor não pode recusar a filiação, quando esta for regular, ocorrendo o fato gerador da filiação.

Feijó Coimbra[2] trata da filiação como vinculação, são essas suas palavras:

---

(1) Art. 20. Filiação é o vínculo que se estabelece entre pessoas que contribuem para a previdência social e esta, do qual decorrem direitos e obrigações.

Parágrafo único. A filiação à previdência social decorre automaticamente do exercício de atividade remunerada para os segurados obrigatórios e da inscrição formalizada com o pagamento da primeira contribuição para o segurado facultativo.

(2) COIMBRA, J. R. Feijó. *Direito previdenciário brasileiro*. 7. ed. Rio de Janeiro: Edições Trabalhistas, 1997. p. 109/110/115.

> A relação jurídica de vinculação é importante porque, sem que ela se concretize, jamais o cidadão poderá vir a fazer parte jus às prestações assistenciais e previdenciárias que a lei estabelece em favor das pessoas, indicadas como protegidas.
>
> (...) a aquisição do *status*, o estabelecimento da relação jurídica de filiação, entre o beneficiário e a instituição, depende, só e unicamente, de sua integração na situação fáctica a que a lei se refere, definindo-a como condição de ser beneficiário. Vale dizer, esse vínculo se aperfeiçoa no momento mesmo em que tais situações fácticas se têm por configuradas independentemente de quaisquer outras circunstancias como tempo de serviço ou versamento de contribuições, que para essa relação são indiferentes.

E ainda:

> O exercício de determinada atividade é, assim, gerador de uma relação jurídica de vinculação, que liga o agente a um regime de proteção.

Fabio Zambitte Ibrahim[3], salienta que:

> Mesmo que o trabalhador venha a desconhecer esta situação, ou seja, contrário a ela, nada poderá ser feito. Não interessa se o trabalhador já é aposentado ou se já exerce outra atividade que o vincule a regime previdenciário distinto, como um militar. É também irrelevante a nacionalidade do trabalhador, pois se exerce atividade remunerada em território nacional, em regra, estará filiado ao RGPS.
>
> Ressalte que a atividade exercida deve ser lícita, isto é, o trabalho em atividades ilegais, como o tráfico de drogas, evidentemente não gera qualquer vínculo com previdência social. Todavia, não se deve confundir esta situação com o *trabalho proibido*, vedado por lei em virtude de certas características, mas sem ilegalidade na atividade em si considerada. Por exemplo, menores de 18 anos laborando em atividades insalubres, em evidente desrespeito à Constituição (art. 7º, XXXIII, da CRFB/88). Nestas situações, ainda que a atividade seja proibida, não poderia o trabalhador ser prejudicado pela irregularidade de seu empregador, cabendo aí a aplicação de todas as normas previdenciárias, incluindo a filiação automática.

Com a filiação, o trabalhador adquire o *status* de segurado da Previdência Social, o que não se confunde com direito subjetivo a proteção, para que o segurado faça juz a proteção necessária a ocorrência do risco próprio de cada benefício ou serviço e cumprir a carência pré-determinada de cada benefício.

A relação jurídica de filiação pode se dar de forma direta e indireta. A forma direta de filiação engloba a filiação obrigatória e a filiação facultativa.

1.1. Da aquisição do *status* de segurado

A qualidade jurídica de segurado adquirida por meio da filiação direta, está disciplinada na Lei n. 8.213/1991, art. 11 e incisos, que descreve várias situações ligadas sempre ao fato do trabalho.

O segurado no Regime Geral de Previdência Social é a pessoa física que exerceu ou exerce atividade remunerada, efetiva ou eventual, de natureza urbana ou rural, com ou sem vínculo de emprego, a título precário ou não, e ainda, aquele que se vincula espontaneamente ao Regime Geral contribuindo facultativamente para o custeio das prestações.

Fábio Zambitte[4] atenta para a amplitude da proteção previdenciária brasileira, e observa que:

> Para se ter idéia da amplitude da proteção previdenciária brasileira, até o **apátrida** (toda pessoa que não seja considerada seu nacional por nenhum Estado), desde que laborando em território nacional, goza de proteção previdenciária (art. 24 da Convenção sobre o Estatuto dos Apátridas, 1954, aprovada pelo Decreto Legislativo n. 38, de 5 de abril de 1995, e promulgada pelo Decreto n. 4.246, de 22 de maio de 2002).

A Medida Provisória n. 1.709-4, de 27.11.1998, reeditada até a de n. 2.164-41, de 24.08.2001, em vigor em função do disposto no art. 2º da Emenda Constitucional n. 32, de 11.09.2001, assegura a qualidade de segurado aos empregados com contrato de trabalho suspenso, nos seguintes termos:

> Art. 11. Ao empregado com contrato de trabalho suspenso nos termos do disposto no art. 476-A da

---

(3) IBRAHIM, Fábio Zambitte. *Curso de direito previdenciário*. 10. ed. Rio de Janeiro: Impetus, 2007. p. 141.

(4) Ob. cit., p. 141.

Consolidação das Leis do Trabalho – CLT aplica-se o disposto no art. 15, inciso II, da Lei n. 8.213, de julho de 1991.

Hermes Arrais Alencar(5), ao escrever sobre o assunto, trata do segurado recolhido à prisão e do contribuinte individual e o doméstico, nos seguintes termos:

> O contribuinte individual e o empregado doméstico têm assegurada a manutenção da sua qualidade de segurado, ainda que não cumpram os prazos de recolhimento das contribuições, desde que comprovem o exercício da atividade remunerada de filiação obrigatória no período.

1.2. Continuidade da filiação

Sendo o ideal do seguro social proteger seus segurados em situações de necessidade de forma contínua, para tanto, se faz necessária a continuidade da filiação.

Marly A. Cardone (6), ao tratar da filiação, registra o automatismo da relação de seguro social:

> O elemento criador da relação jurídica de seguro social não é, pois, a vontade das partes, mas a lei, que estabelece como seu pressuposto necessário a existência de um contrato de trabalho.
>
> Relação jurídica surge em virtude da lei.
>
> É tão nítida a ausência de vontade das partes que se fala, inclusive, em *automatismo da relação de seguro social.*

Caso não se consiga comprovar a atividade laboral remunerada, mesmo que haja contribuições efetivamente recolhidas, não será convalidada a filiação realizada, pois que será tida como ilegal.

Todo trabalho humano deve ser protegido, para que haja filiação ao regime geral deve haver labor remunerado ou remunerável, trabalho este profissional, ou até artesanal, mas o remunerado.

Mesmo que exercido o trabalho remunerado, não houve a retribuição pelo trabalho, mas esta é devida, a filiação continuará existindo.

A situação fática descrita na lei, qual seja, a atividade laboral remunerada, uma vez tornada inexistente acarretará o desfazimento da relação de filiação, faz desaparecer o *status* de beneficiário, conforme leciona Feijó Coimbra(7).

Wladimir Novaes Martinez(8), nos traz que:

> No exame do caso concreto adota-se princípio de interpretação segundo o qual, se dúvida restar quanto ao fato gerador determinante ou não de filiação, se se tratar realmente de dúvida e não de outra forma de incognição, ela deve ser resolvida a favor da existência da filiação.

A contribuição não é fator determinante da relação jurídica de filiação, pode ser, quando exigida por lei, fator indicativo da manutenção do *status* de segurado, vez que, nas lições de Feijó Coimbra(9):

> O que define, propriamente, o segurado, não é o fato de que tenha recolhido as contribuições (...), mas a situação declarada na lei como deferindo-lhe esse *status.* Apurado que, relativamente a um cidadão, tal situação se configura, desde então é ele um segurado, pois a norma jurídica incide, de maneira automática, no suporte fático descrito pelo texto legal, como hipótese.

Segundo Armando Assis de Oliveira(10):

> ... mesmo que o contribuinte esteja pagando legitimamente suas quotas, ele não adquire, só por isso, nenhum direito, porque este, mercê do caráter próprio da previdência social, é um direito *aleatório*, que se corporifica se e quando a pessoa em causa for surpreendida por um daqueles *eventos fortuitos* constantes do programa de ação do sistema.

1.3. Inscrição

Inscrição é ato pelo qual a pessoa física que detêm o *status* de segurado é cadastrado no Regime Geral de

(5) ALENCAR, Hermes Arrais. *Benefícios Previdenciários.* 3. ed, São Paulo: Liv. e Ed. Universitária de Direito, 2007. p. 202.

(6) CARDONE, Marly A. *Seguro Social e Contrato de Trabalho.* São Paulo: Saraiva. 1973.

(7) Ob. cit., p. 111.

(8) MARTINEZ, Wladimir Novaes. Curso de direito previdenciário: previdência social. 2. ed. São Paulo: LTr, 2003, t. II. *Princípios de direito previdenciário.* 3. ed. São Paulo: LTr, 1995. p 119.

(9) Ob. cit., p. 67.

(10) ASSIS, Armando de Oliveira: *O Direito Adquirido na Previdência Social* in RPS n. 16/13.

Previdência Social – RGPS. É ato administrativo e formal, de iniciativa da pessoa interessada e homologado pelo órgão gestor da Previdência Social.

Na sequência temporal da relação jurídica de Previdência social, é o terceiro momento, vindo após o exercício de atividade laboral remunerada ou remunerável e a consequente filiação.

Nas palavras de Vicente de Paulo Seixas Pereira[11]:

> A inscrição é o contacto inicial dos segurados com a previdência social. É a comprovação perante a previdência social da relação de emprego, do exercício de atividade profissional e de outros elementos úteis à caracterização da filiação ao regime de previdência social. A inscrição é o mínimo necessário para se obter os benefícios e os serviços da previdência social.

Vicente de Paulo Seixas Pereira[12] em 1987 ao discorrer sobre o tema dispõe que a inscrição não se confunde com filiação, esta se conta a partir da data do início da atividade vinculada à previdência e que a filiação é única e pessoal, ainda que o segurado exerça mais de um emprego ou atividade remunerada.

Nas palavras de Carlos Alberto Pereira de Castro e João Batista Lazzari[13]:

> Na seqüência temporal da relação jurídica de seguro social a inscrição é o terceiro momento, seguindo-se ao trabalho e à conseqüente filiação, ou, pelo menos, sendo contemporâneo a estes, mas nunca anterior.

O ato da inscrição é meramente declaratório, não atribui direitos, vez que os direitos decorrem da filiação e pré-existem ao ato da inscrição, podendo ser exercidos mesmo que a inscrição não tenha sido feita.

Para Aluysio Sampaio[14] ao comentar a CLPS em 1985, esclarece que inscrição é o registro burocrático do segurado ou seus dependentes perante o órgão da Previdência Social, tornando realizável e exigível os direitos decorrentes da filiação e ainda que a inscrição, relativamente ao segurado obrigatório, é ato posterior à relação de trabalho geradora da filiação automática; é simultânea, na hipótese do segurado facultativo.

A forma de inscrição dos segurados está prevista nos arts. 18 a 21[15] do Decreto n. 3.048/1999.

---

(11) PEREIRA, Vicente de Paulo Seixas. *Previdência Social Global*. Belo Horizonte. MEC 27.536. Edição 1987. p. 40/1.

(12) Ob. cit., p. 40/1.

(13) CASTRO, Carlos Alberto Pereira de; LAZZARI, João Batista. *Manual de Direito Previdenciário*. 8. ed. São Paulo: LTr, 2007. p. 171.

(14) SAMPAIO, Aluysio. *A nova CLPS comentada*. São Paulo: LTr, 1985. p. 30.

(15) Art. 18. Considera-se inscrição de segurado para os efeitos da previdência social o ato pelo qual o segurado é cadastrado no Regime Geral de Previdência Social, mediante comprovação dos dados pessoais e de outros elementos necessários e úteis a sua caracterização, observado o disposto no art. 330 e seu parágrafo único, na seguinte forma: (Redação dada pelo Decreto n. 3.265, de 29.11.1999)

I – empregado e trabalhador avulso – pelo preenchimento dos documentos que os habilitem ao exercício da atividade, formalizado pelo contrato de trabalho, no caso de empregado, e pelo cadastramento e registro no sindicato ou órgão gestor de mão-de-obra, no caso de trabalhador avulso;

II – empregado doméstico – pela apresentação de documento que comprove a existência de contrato de trabalho;

III – contribuinte individual pela apresentação de documento que caracterize a sua condição ou o exercício de atividade profissional, liberal ou não; (Redação dada pelo Decreto n. 3.265, de 29.11.1999)

IV – segurado especial pela apresentação de documento que comprove o exercício de atividade rural; e

V – facultativo pela apresentação de documento de identidade e declaração expressa de que não exerce atividade que o enquadre na categoria de segurado obrigatório.

§1º A inscrição do segurado de que trata o inciso I será efetuada diretamente na empresa, sindicato ou órgão gestor de mão-de-obra e a dos demais no Instituto Nacional do Seguro Social. (Redação dada pelo Decreto n. 3.265, de 29.11.1999)

§ 2º A inscrição do segurado em qualquer categoria mencionada neste artigo exige a idade mínima de dezesseis anos.

§ 3º Todo aquele que exercer, concomitantemente, mais de uma atividade remunerada sujeita ao Regime Geral de Previdência Social será obrigatoriamente inscrito em relação a cada uma delas.

§ 4º A previdência social poderá emitir identificação específica para o segurado contribuinte individual, trabalhador avulso, especial e facultativo, para produzir efeitos exclusivamente perante ela, inclusive com a finalidade de provar a filiação. (Redação dada pelo Decreto n. 3.265, de 29.11.1999)

§ 5º Presentes os pressupostos da filiação, admite-se a inscrição *post mortem* do segurado especial. (Parágrafo acrescentado pelo Decreto n. 3.265, de 29.11.1999)

§ 6º A comprovação dos dados pessoais e de outros elementos necessários e úteis à caracterização do segurado poderá ser exigida quando da concessão do benefício. (Parágrafo acrescentado pelo Decreto n. 3.265, de 29.11.1999)

Art. 19. A anotação na Carteira Profissional ou na Carteira de Trabalho e Previdência Social e, a partir de 1º de julho de 1994, os dados

Adverte Carlos Alberto Pereira de Castro e João Batista Lazzari que o Decreto n. 3.048/1999, em sua redação original, vedou a inscrição *post mortem* do empregado e trabalhador avulso (art. 18, § 1º). Essa vedação feria frontalmente os direitos dos dependentes do trabalhador falecido, vítimas da omissão da oportuna inscrição junto ao INSS. O Decreto n. 3.265/1999 sanou a ilegalidade, alterando a redação do texto para excluir tal restrição. Ou seja, presentes os pressupostos da filiação, admite-se a inscrição *post mortem*. Comprovado pelos dependentes que o *de cujus* exercia atividade remunerada antes de falecer, deve ser reconhecida a condição de segurado de forma retroativa, garantindo-se-lhes os benefícios decorrentes do evento morte [16].

1.4. Manutenção do status de segurado

Quem está em gozo de benefício mantém a qualidade de segurado sem limite de prazo.

A Lei n. 8.213/1991, art. 15[17], prevê ainda que o segurado pode deixar, por algum tempo, de verter contribuição social e sem haver trabalhado e, ainda assim, permanecerá amparado pelo sistema de proteção social. Esse lapso de tempo, variável em razão de condições subjetivas de cada um dos segurados, é denominado período de graça.

Durante o período de graça, o segurado não está efetuando contribuições.

Se o segurado tem a sua atividade laborativa assegurada ao final do período, no caso do segurado empregado após retornar do auxílio-doença, a contribuição se presume realizada tão logo este retorne a exercer atividade laboral remunerada, mantendo assim, o *status* de segurado nessas circunstâncias.

No caso do contribuinte facultativo, se, expirado o período de graça, este não consegue colocação no mercado de trabalho, então para manter-se na condição de segurado, deverá verter contribuições como contribuinte facultativo, onde, o prazo de recolhimento da contribuição como segurado facultativo é o dia 15 do mês subsequente ao da competência.

A professora Heloísa Derzi[18] bem coloca que apesar do caráter eminentemente contributivo, o modelo

---

constantes do Cadastro Nacional de Informações Sociais – CNIS valem para todos os efeitos como prova de filiação à Previdência Social, relação de emprego, tempo de serviço ou de contribuição e salários-de-contribuição e, quando for o caso, relação de emprego, podendo, em caso de dúvida, ser exigida pelo Instituto Nacional do Seguro Social a apresentação dos documentos que serviram de base à anotação. (Redação dada pelo Decreto n. 4.079, de 09.01.2002)

§ 1º O INSS definirá os critérios para apuração das informações constantes da Guia de Recolhimento do Fundo de Garantia do Tempo de Serviço e Informações à Previdência Social – GFIP que ainda não tiverem sido processadas. (Parágrafo acrescentado pelo Decreto n. 4.079, de 09.01.2002)

§ 2º Não constando do CNIS informações sobre contribuições ou remunerações, o vínculo não será considerado, facultada a providência prevista no § 3º. (Parágrafo acrescentado pelo Decreto n. 4.079, de 09.01.2002)

§ 3º O segurado poderá solicitar, a qualquer momento, a inclusão, exclusão ou retificação das informações constantes do CNIS, com a apresentação de documentos comprobatórios dos dados divergentes, conforme critérios definidos pelo INSS. (Parágrafo acrescentado pelo Decreto n. 4.079, de 09.01.2002)

Art. 21. Para fins do disposto nesta Seção, a anotação de dado pessoal deve ser feita na Carteira Profissional e/ou na Carteira de Trabalho e Previdência Social à vista do documento comprobatório do fato.

(16) Ob. cit., p. 172.

(17) Art. 15. Mantém a qualidade de segurado, independentemente de contribuições:

I – sem limite de prazo, quem está em gozo de benefício;

II – até 12 (doze) meses após a cessação das contribuições, o segurado que deixar de exercer atividade remunerada abrangida pela Previdência Social ou estiver suspenso ou licenciado sem remuneração;

III – até 12 (doze) meses após cessar a segregação, o segurado acometido de doença de segregação compulsória;

IV – até 12 (doze) meses após o livramento, o segurado retido ou recluso;

V – até 3 (três) meses após o licenciamento, o segurado incorporado às Forças Armadas para prestar serviço militar;

VI – até 6 (seis) meses após a cessação das contribuições, o segurado facultativo.

§ 1º O prazo do inciso II será prorrogado para até 24 (vinte e quatro) meses se o segurado já tiver pago mais de 120 (cento e vinte) contribuições mensais sem interrupção que acarrete a perda da qualidade de segurado.

§ 2º Os prazos do inciso II ou do § 1º serão acrescidos de 12 (doze) meses para o segurado desempregado, desde que comprovada essa situação pelo registro no órgão próprio do Ministério do Trabalho e da Previdência Social.

§ 3º Durante os prazos deste artigo, o segurado conserva todos os seus direitos perante a Previdência Social.

§ 4º A perda da qualidade de segurado ocorrerá no dia seguinte ao do término do prazo fixado no Plano de Custeio da Seguridade Social para recolhimento da contribuição referente ao mês imediatamente posterior ao do final dos prazos fixados neste artigo e seus parágrafos.

(18) DERZI, Heloisa H. *Os beneficiários da pensão por morte*. São Paulo: Lex Editora, 2004. p. 151/2.

previdenciário brasileiro criou exceções à regra geral, permitindo que a outorga da proteção concretize-se na pessoa de segurado que deixou de contribuir ou que não tenha jamais contribuído. Observe-se estarmos a falar de exceções e não de regra. Na primeira hipótese, o legislador instituiu o chamado *período de graça*, ou seja, um lapso temporal em que o segurado deixa de contribuir em determinadas situações, sem, contudo, perder a qualidade jurídica de segurado, o que lhe assegura usufruir, na íntegra, todos os benefícios outorgados pelo regime.

Todo tempo de exercício de atividade laboral remunerada ou remunerável é tempo de filiação ao Regime de Previdência Social e apesar do caráter contributivo do sistema previdenciário brasileiro, como a relação de filiação se dá *ope legis*, com a realização de atividade laboral remunerada, a ausência da efetiva contribuição ao sistema não retira o *status* de segurado do trabalhador, sendo este *status* de segurado condição para integrar a relação jurídica de proteção.

1.5. Incapacidade do Segurado dentro do período de graça

Não perde a qualidade de segurado aquele que deixa de contribuir em razão de estar incapacitado para o trabalho, porque a incapacidade é contingência com cobertura previdenciária. Se o segurado enquanto detinha esta situação tinha direito a cobertura previdenciária no período, não perde a qualidade de segurado enquanto estiver incapacitado para o trabalho.

2. REFERÊNCIAS BIBLIOGRÁFICAS

ALENCAR, Hermes Arrais. *Benefícios Previdenciários.* 3. ed. São Paulo: Liv. e Ed. Universitária de Direito, 2007.

ASSIS, Armando de Oliveira. Em busca de uma concepção moderna de "Risco Social", *Revista de Direito Social*, n. 14, 2004.

CARDONE, Marly A. *Seguro Social e Contrato de Trabalho.* São Paulo: Saraiva. 1973.

CASTRO, Carlos Alberto Pereira de; LAZZARI, João Batista. *Manual de direito previdenciário.* 5. ed. São Paulo: LTr, 2004.

COIMBRA, J. R. Feijó. *Direito previdenciário brasileiro.* 7. ed. Rio de Janeiro: Edições Trabalhistas, 1997.

DERZI, Heloisa H. *Os beneficiários da pensão por morte.* São Paulo: Lex Editora, 2004.

IBRAHIM, Fábio Zambitte. *Curso de direito previdenciário.* 10. ed. Rio de Janeiro: Impetus, 2007.

MARTINEZ, Wladimir Novaes. *Princípios de direito previdenciário.* 3. ed. São Paulo: LTr, 1995.

PEREIRA, Vicente de Paulo Seixas. *Previdência Social Global.* Belo Horizonte. MEC 27.536. Edição 1987.

SAMPAIO, Aluysio. *A nova CLPS comentada.* São Paulo: Revista dos Tribunais, 1985.

VIANNA, João Ernesto Aragonés, *Curso de Direito Previdenciário,* São Paulo: ed. LTr, 2006.

VILANOVA, Lourival. *As estruturas Lógicas e o Sistema do Direito Positivo,* São Paulo: Editora Noeses: 2005.

Alterações no Instituto dos Períodos de Carência advindas com as Medidas Provisórias ns. 739/2016 e 767/2017

Rafael Liberati Silva

Advogado, Pós-graduando em Direito Processual Civil pela PUC-SP, Pós-graduando em Direito Público pela UCAM-RJ, ex-estagiário de direito da Justiça Federal de São Paulo e ex-estagiário de direito do Tribunal de Justiça do Estado de São Paulo.

Período de carência no direito previdenciário é o instituto que, nos termos da lei, exige um "número mínimo de contribuições mensais indispensáveis para que o beneficiário faça jus ao benefício, consideradas a partir do transcurso do primeiro dia dos meses de suas competências"[(1)].

Durante o período de carência o beneficiário, não obstante vinculado ao Regime Geral de Previdência Social – RGPS, ainda não tem direito à determinadas prestações previdenciárias. Trata-se, portanto, de instituto protetivo do sistema de previdência social adotado pelo Brasil, que é essencialmente contributivo.

Miguel Horvath Júnior ao discorrer sobre o tema lecionou que "carência é o pré-requisito legal para acesso às prestações previdenciárias. Tal exigência decorre da natureza contributiva e tem como finalidade a manutenção do equilíbrio financeiro-atuarial."[(2)]

O instituto está regulado entre os arts. 24 ao 27 da Lei n. 8.213/1991, que além de conceituar no que consiste a carência, fixa prazos para concessão de determinadas prestações e cria hipóteses de prestações que independem do cumprimento de carência.

De acordo com o art. 25 da Lei n. 8.213/1991, a concessão das prestações pecuniárias do Regime Geral de Previdência Social – RGPS dependem dos seguintes períodos de carência: 12 contribuições mensais, nos casos de auxílio-doença e aposentadoria por invalidez; 180 contribuições mensais, nos casos de aposentadoria por idade, por tempo de serviço e especial; e, 10 contribuições mensais, no caso do salário-maternidade para as seguradas contribuintes individuais, seguradas especiais e seguradas facultativas.

No entanto, há algumas prestações que dispensam o cumprimento do período de carência, estas hipóteses estão previstas no art. 26, que, em síntese, referem-se àquelas hipóteses onde não seria razoável exigir do segurado o cumprimento da carência em decorrência da natureza ou da origem do infortúnio que o acomete, como por exemplo nos casos de acidente de qualquer natureza ou causa e de doença profissional ou do trabalho.

(1) Art. 24, *caput*, Lei n. 8.213/1991.

(2) HORVATH JUNIOR, Miguel. *Direito previdenciário*. 10. ed. São Paulo: Quartier Latin, 2014. p. 251.

Portanto, o cumprimento do período de carência é um dos requisitos necessários para a concessão de determinadas prestações previdenciárias, como no caso dos benefícios de auxílio-doença e aposentadoria por invalidez que tem como regra geral a exigência da carência de 12 contribuições mensais.

Recente alteração na legislação previdenciária modificou, além de outras coisas, as regras da carência para a concessão dos benefícios de auxílio-doença, de aposentadoria por invalidez e de salário-maternidade. Sendo que a alteração mais significativa foi na regra que existia para aquele que perdia a qualidade de segurado ao readquiri-la utilizar as contribuições anteriores a essa data para efeito de carência.

A alteração acima citada adveio com a publicação da Medida Provisória n. 739, de 7 de julho de 2016, publicada em 8 de julho de 2016, republicada no dia 12 do mesmo mês, que alterou partes da Lei n. 8.213/1991, que dispõe sobre os Planos de Benefícios da Previdência Social.

O art. 11 da Medida Provisória n. 739/2016 revogou o parágrafo único do art. 24 da Lei n. 8.213/1991, que dispunha o seguinte:

> Art. 24. Período de carência é o número mínimo de contribuições mensais indispensáveis para que o beneficiário faça jus ao benefício, consideradas a partir do transcurso do primeiro dia dos meses de suas competências.
>
> Parágrafo único. Havendo perda da qualidade de segurado, as contribuições anteriores a essa data só serão computadas para efeito de carência depois que o segurado contar, a partir da nova filiação à Previdência Social, com, no mínimo, 1/3 (um terço) do número de contribuições exigidas para o cumprimento da carência definida para o benefício a ser requerido.

Interpretando o parágrafo único do artigo acima citado os professores Carlos Alberto Pereira de Castro e João Batista Lazzari discorreram o seguinte:

> Havendo perda da qualidade de segurado, as contribuições anteriores a essa data só serão computadas para efeito de carência depois que o segurado contar, a partir da nova filiação à Previdência Social, com, no mínimo, um terço do número de contribuições exigidas para o cumprimento da carência definida para o benefício a ser requerido, aplicando-se a mesma regra ao filiado a outro regime de previdência social que venha a se filiar ao RGPS após os prazos do chamado "período de graça".[3]

Portanto, trata-se de regra protetiva aos segurados que prevê a possibilidade de aproveitamento das contribuições anteriores a perda da qualidade de segurado para fins de carência. Não se exigindo que sejam vertidas novamente, por exemplo, 12 contribuições mensais para que determinado segurado possa usufruir do benefício auxílio-doença, bastando apenas que sejam vertidas outras 4 (quatro) contribuições mensais para que o segurado possa somar as contribuições anteriormente dirigidas à Previdência Social.

Em 12 de julho de 2016 a Medida Provisória n. 739/2016 foi republicada incluindo o parágrafo único no art. 27 da Lei n. 8.213/1991, com a seguinte redação:

> Art. 27. (...)
>
> Parágrafo único. No caso de perda da qualidade de segurado, para efeito de carência para a concessão dos benefícios de auxílio-doença, de aposentadoria por invalidez e de salário-maternidade, o segurado deverá contar, a partir da nova filiação à Previdência Social, com os períodos previstos nos incisos I e III do *caput* do art. 25.

Em decorrência do decurso do prazo de 120 dias de validade da Medida Provisória n. 739/2016, sem que esta fosse convertida em Lei, o Presidente da Mesa do Congresso Nacional declarou que o prazo de vigência da referida norma foi encerrado no dia 4 de novembro de 2016, no entanto, em 6 de janeiro de 2017, o Presidente da República adotou a Medida Provisória n. 767, de 2017, que incluiu o art. 27-A, na Lei n. 8.213/1991 e revogou o parágrafo único do art. 24, da referida Lei, prevendo as mesmas regras que cuidava a Medida Provisória n. 739/2016.

A Medida Provisória n. 767, de 2017, foi aprovada pelo Plenário da Câmara dos Deputados no dia 24 de maio de 2017, e a matéria será encaminha ao Senado Federal.

Vejamos o que dispõe o art. 27-A, incluído na Lei n. 8.213/1991:

> Art. 27-A. No caso de perda da qualidade de segurado, para efeito de carência para a concessão dos benefícios de auxílio-doença, de aposentadoria por

(3) CASTRO, Carlos Alberto Pereira de; LAZZARI, João Batista. *Manual de Direito Previdenciário*. 19. ed. rev., atual. e ampl. Rio de Janeiro: Forense, 2016. p. 552.

invalidez e de salário-maternidade, o segurado deverá contar, a partir da nova filiação à Previdência Social, com os períodos previstos nos incisos I e III do *caput* do art. 25.

O novo regramento exige que o segurado recolha novamente 12 contribuições mensais para completar o requisito da carência para os benefícios por incapacidade como o auxílio-doença e aposentadoria por invalidez, e para concessão do salário-maternidade às seguradas contribuinte individuais, seguradas especiais e seguradas facultativas devem ser vertidas 10 contribuições mensais, independentemente do número de contribuições que o segurado tenha vertido para o sistema.

Assim, com as regras introduzidas com a Medida Provisória n. 739/2016, reintroduzidas pela Medida Provisória n. 767/2017 o segurado não tem mais a possibilidade de cumprir 1/3 (um terço) do número de contribuições exigidas para o cumprimento da carência exigida para o benefício a ser requerido.

Essa regra da Medida Provisória, além das outras também previstas por ela, são um retrocesso social por diminuir os direitos sociais duramente conquistados pelos trabalhadores.

Representando nítida afronta ao princípio da vedação do retrocesso social que nos dizeres de Marcelo Leonardo Tavares "consiste na impossibilidade de redução das implementações de direitos fundamentais já realizadas".[(4)]

Mas é bom ressaltar que não obstante a Medida Provisória possuir força de Lei, com esta não se confunde.

O art. 62 da Constituição da República Federativa do Brasil de 1988 dispõe que o Presidente da República poderá adotar medidas provisórias, com força de Lei, em casos de relevância e urgência.

A Medida Provisória deve ser submetida de imediato ao Congresso Nacional, perdendo sua eficácia se não forem convertidas em Lei no prazo de sessenta dias, podendo ser prorrogável uma vez por igual período caso não tiver sua votação encerrada nas duas Casas do Congresso Nacional.

O § 3º do art. 62 determina que o Congresso Nacional deverá disciplinar, por decreto legislativo, as relações jurídicas decorrentes da Medida Provisória que perder sua eficácia por não ter sido convertida em Lei. Caso não seja editado o decreto legislativo até sessenta dias após a rejeição ou perda de eficácia da Medida Provisória, o § 11 do mesmo artigo, determina que as relações jurídicas constituídas e decorrentes de atos praticados durante sua vigência conservar-se-ão por elas regidas.

Portanto, a Medida Provisória deve ser convertida em Lei para que continue produzindo efeitos futuros. Caso ocorra sua rejeição ou não conversão em Lei com o decurso do prazo previsto pelo art. 62 da Constituição Federal a Medida Provisória produzirá efeito somente durante o prazo de sua vigência, com a possibilidade do Congresso Nacional regular as relações jurídicas dela decorrentes.

Conforme é possível extrair do *caput* do art. 62 da Constituição Federal a relevância e urgência são requisitos para edição de Medida Provisória, podendo no caso em apreço ser questionado o preenchimento destes requisitos, cabendo ao Supremo Tribunal Federal, guardião da Constituição, verificar a presença deles, caso questionada a constitucionalidade Medida Provisória.[(5)]

Exigir do segurado filiado ao Regime Geral de Previdência Social – RGPS que perde a qualidade de segurado, verter novamente o número mínimo de contribuições exigidas à título de carência para poder usufruir de determinadas prestações previdenciárias não parece o mais adequado, ainda mais por se tratar de supressão do instituto conquistado pelos segurados que permitia a utilização das contribuições anteriores a perda da qualidade de segurado serem computadas para efeito de carência mediante o cumprimento de 1/3 (um terço do número de contribuições exigidas para o cumprimento da carência definida para o benefício a ser requerido.

Importante ressaltar que a Constitucionalidade da Medida Provisória é passível de ser questionada tanto por aparentemente não estarem preenchidos os requisitos autorizadores da edição de Medida Provisória como pelo seu conteúdo completamente restritivo de direitos sociais, caracterizando nítido retrocesso social.

A medida retoma o texto da Medida Provisória n. 739/2016, que perdeu a vigência em novembro do ano passado. Até a edição da MP, a Lei n. 8.213/1991 exigia, do trabalhador que voltasse a ser segurado, o cumprimento de um terço da carência inicial para poder contar

(4) TAVARES, Marcelo Leonardo. *Previdência e Assistência Social*: legitimação e fundamentação constitucional brasileira. Rio de Janeiro: Lumen Juris, 2003. p. 176.

(5) NERY JUNIOR, Nelson; NERY, Rosa Maria de Andrade. *Constituição Federal comentada e Legislação Constitucional*. 5. ed. São Paulo: Revista dos Tribunais, 2014. p. 583.

com as contribuições feitas antes de perder a condição de segurado e cumprir o prazo necessário à obtenção de novo benefício.

REFERÊNCIAS BIBLIOGRÁFICAS

CASTRO, Carlos Alberto Pereira de; LAZZARI, João Batista. *Manual de Direito Previdenciário*. 19. ed. rev., atual. e ampl. Rio de Janeiro: Forense, 2016.

HORVATH JUNIOR, Miguel. *Direito previdenciário*. 10. ed. São Paulo: Quartier Latin, 2014.

NERY JUNIOR, Nelson; NERY, Rosa Maria de Andrade. *Constituição Federal comentada e Legislação Constitucional*. 5. ed. São Paulo: Revista dos Tribunais, 2014.

TAVARES, Marcelo Leonardo. *Previdência e Assistência Social*: legitimação e fundamentação constitucional brasileira. Rio de Janeiro: Lumen Juris, 2003, p. 176.

Análise sobre a Previdência Social por meio da Teoria Geral do Direito Internacional

Tatiana Conceição Fiore de Almeida

Advogada Consultiva, Parecerista, Doutoranda em Direito Constitucional pela Universidade de Buenos Aires – UBA, Especialista em Direito do Trabalho e Previdência Social pela Escola Superior de Advocacia – ESA/SP; Presidente das gestões 2010-2012 e 2013-2015 da Comissão de Seguridade Social da OAB Guarulhos; Diretora do Conselho Federal do Instituto dos Advogados Previdenciários gestão 2015-2017; Presidente do Conselho Federal do Instituto dos Advogados Previdenciários gestão 2017 – 2019; Professora; Autora de Livros e Artigos Jurídicos.

Well, when you look into infinity, you realize that there are more important things than what people do all day.
(Calvin and Hobbes)

1. INTRODUÇÃO

A globalização da economia é umas das principais causas da migração de cidadãos para outros países, mais de três milhões de brasileiros vivem no exterior e cerca de um milhão de estrangeiros moram no Brasil, e para proteger essas pessoas é que as nações começaram a firmar acordos de reciprocidade de tratamento em matéria de Previdência Social.

O Mercosul que fora criado em 26 de setembro de 1991, em Assunção cujos países participantes são a Argentina, Brasil, Uruguai e Paraguai, conta ainda com outros Estados como associados, que são: Chile, Bolívia, Venezuela, Peru, Colômbia, Equador e Venezuela, com a integração esses países visaram por meio da aliança comercial dinamizar a economia, pois seus membros partilham valores que refletem suas sociedades democráticas, pluralistas, defensoras das liberdades fundamentais, dos direitos humanos, da proteção ao meio ambiente, e do desenvolvimento sustentável. Partilham, ainda, seu compromisso com a consolidação da democracia, com a segurança jurídica, com o combate à pobreza e com o desenvolvimento econômico e social com equidade.

Importante destacar que o Acordo Multilateral da Seguridade Social do Mercosul é o primeiro acordo internacional brasileiro em matéria previdenciária beneficiando também os funcionários públicos pertencentes ao Regime Próprio de Previdência Social.

O Acordo Multilateral, por envolver mais de dois países, foi celebrado em 15 de dezembro de 1997, aprovado pelo Decreto Legislativo n. 451, de 14 de novembro de 2001, em vigor a partir de 1º de maio de 2005, e substituiu os acordos bilaterais anteriormente existentes entre os países abrangidos em outro pacto, sem prejudicar direitos adquiridos[(1)], pois será aplicado o ajuste que venha ser mais favorável ao beneficiário, já que os acordos anteriores não foram revogados.

Com este Acordo cerca de 2,1 milhões de trabalhadores foram beneficiados, sendo que o Brasil possui aproximadamente 730 mil trabalhadores estrangeiros, sendo que cerca de 370 mil são oriundos da América do Sul[(2)].

Para que este Acordo tenha efetividade foi desenvolvida uma Comissão Permanente que é integrada por três membros de cada país e composta por grupos em áreas específicas, como saúde, legislação e informática. Esta comissão tem como objetivo verificar a aplicação do acordo e demais instrumentos complementares, planejar as eventuais mudanças e resolver divergências na aplicação do acordo.

Por este acordo o Brasil, Argentina, Paraguai e Uruguai têm os seguintes benefícios assegurados: Pensão por Morte, Aposentadoria por Idade, Aposentadoria por Invalidez e Auxílio-Doença.

Permite a totalização de períodos contributivos nos países acordantes para as seguintes espécies de benefícios: aposentadoria por idade voluntária ou compulsória, aposentadoria por invalidez, auxílio-doença e a pensão por morte.

Outra proteção prevista é a isenção de contribuição no país de destino durante o deslocamento temporário inferior a doze meses, prorrogável por igual período, desde que autorizado pelo país de destino. Em tal período o trabalhador mantém seu vínculo e direitos sempre no país de origem, não necessitando, portanto, requerer esse tempo trabalhado na forma do acordo.

2. PROTEÇÃO DOS DIREITOS SOCIAIS

Considerando a Seguridade Social como Direito Social, e sob a perspectiva da concepção contemporânea de direitos humanos, por este traduzir processos que abrem e consolidam espaços de luta pela dignidade humana, e invoca uma plataforma emancipatória voltada a proteção da dignidade e à prevenção do sofrimento humano.

Para realizar uma análise do Acordo Multilateral da Seguridade Social do Mercosul, faz-se necessário apreciar a experiência sul-americana de proteção dos direitos sociais, e as peculiaridades de cada região, tendo em vista a América Latina ser a região com o mais elevado grau de desigualdades do mundo em termos de distribuição de renda[(3)].

A esse elevado grau de exclusão e desigualdade social somam-se democracias em fase de consolidação. A América latina ainda convive com as reminiscências do legado dos regimes autoritários ditatoriais, com uma cultura de violência e de impunidade, com a baixa densidade de Estados de Direitos e com a precária tradição de respeito aos direitos humanos no âmbito doméstico[(4)].

À luz do contexto, do Acordo Multilateral da Seguridade Social do Mercosul ser um ajuste de Direitos Sociais, à incorporação dos tratados internacionais de proteção de direitos humanos, observa-se que, em geral, as Constituições latino-americanas conferem a estes instrumentos uma hierarquia especial e privilegiada distinguindo-se dos tratados tradicionais.

Nesse sentido merece destaque o art. 75, 22, da Constituição Argentina, que expressamente atribui hierarquia constitucional aos mais relevantes tratados de proteção de direitos humanos e o art. 5º, §§ 2º e 3º da Constituição Brasileira, que incorpora estes tratados no universo dos direitos fundamentais constitucionalmente protegidos.

É importante observar que as Constituições latino-americanas estabelecem cláusulas constitucionais abertas, que permitem a integração entre a ordem constitucional e a ordem internacional, especialmente no

(1) Artigo *Acordo Multilateral de Previdência Social do Mercosul*. Informe de Previdência Social. Jun. 2005, vol. 17, número 06. p. 03.

(2) Artigo *Acordo Multilateral de Previdência Social do Mercosul*. Informe de Previdência Social. Jun. 2005, vol. 17, número 06. p. 03.

(3) Para o ECLAC: "Latin American's highly inequitable and inflexible income distribution has historically been one of its most prominent traits. Latin American inequality is not only greater than that seen in other world regions, but it also remained unchanged in the 1990s, then took a turn for the worse at start of the current decade." (ECLAC, Social Panorama of Latin America – 2006, chapter I, page 84. <http://www.eclac.cl/publicaciones/xml/4/27484/PSI2006_Sumary.pdf> (access on July 30,2010)).

(4) No caso latino-americano, o processo de democratização na região deflagrado na década de 80 é que propiciou a incorporação de importantes instrumentos internacionais de proteção de direitos humanos pelos Estados latino-americanos. A título de exemplo, note-se que a Convenção Americana de Direitos Humanos, adotada em 1969, foi ratificada pela Argentina em 1984, pelo Uruguai em 1985, pelo Paraguai em 1989 e pelo Brasil em 1992. Já o reconhecimento da jurisdição da Corte Interamericana de Direitos Humanos deu-se na Argentina em 1984, no Uruguai em 1985, no Paraguai em 1993 e no Brasil em 1998. (Artigo *Proteção dos Direitos Sociais: Desafios do Ius Commune Sul-Americano, Flávia Piovesan*. Revista do Tribunal Superior do Trabalho, Brasília, Out./Dez. 2011, vol. 77, número 04. p. 130-131).

campo de direitos humanos, ampliando e expandindo o bloco de constitucionalidade.

Hans Kelsen, em *Teoria Geral do Estado*. 5. ed. São Paulo: Martins Fontes, 2005, afirma que o ordenamento jurídico se apresenta como um conjunto hierarquizado de normas jurídicas estruturadas em forma de uma pirâmide abstrata, cuja norma mais importante, que subordina as demais normas jurídicas de hierarquia inferior é a norma fundamental da qual as demais retiram seu fundamento de validade. No Direito Interno as normas são hierarquizadas estando a CF no ápice da pirâmide. Já no Direito Internacional não há hierarquia de normas, com exceção das chamadas normas *jus cogens* (normas imperativas). No contexto internacional a coordenação é o princípio basilar das relações interestatais. Na ordem interna todos são jurisdicionados prevalecendo à condição de subordinação.

3. A PREVIDÊNCIA SOCIAL NO PLANO INTERNACIONAL

Em nível internacional, a previdência social teve maior destaque por meio das diversas normas internacionais que a incluíam no rol de direitos de todos os cidadãos.

Um dos primeiros ordenamentos legais a dispor sobre a previdência social foi o alemão, editado por Otto Von Bismarck, em 1883, garantiu, em um primeiro momento, o seguro-doença e, posteriormente, demais benefícios, como o seguro contra acidente de trabalho, o seguro invalidez e o seguro velhice.

Acompanhando as ideias alemãs, a Inglaterra promulgou, nos anos seguintes, leis sobre a cobertura nos casos de acidentes de trabalho, invalidez, doença e aposentadorias, tonando-se, na época, o país mais evoluído na matéria previdenciária.

Apesar das inovações ocorridas na Europa, a Constituição Mexicana de 1917, considerada a primeira constituição social do mundo, sendo também a pioneira quando se trata de previdência social, visto que foi a primeira a incluí-la em suas normas.

Seguindo os mandamentos da Carta Magna Mexicana, a Constituição de Weinmar, na Alemanha, dava cobertura aos trabalhadores em diversos casos, como invalidez e riscos de saúde.

Dentre outras normas relevantes, podemos citar a Declaração Universal dos Direitos Humanos, adotada pela Organização das Nações Unidas (ONU), onde o tema foi evidenciado no art. 25, e dispõe que, entre outros casos, todo cidadão terá direito a segurança em casos de velhice e doença. Nota-se que, no referido artigo, a previdência social vem implicitamente prevista por meio da segurança à velhice e à doença, onde a segurança se dá, respectivamente, pela aposentadoria e pelo auxílio-doença.

A previdência social foi reconhecida também como direito de toda pessoa, por meio do art. 9º do Pacto Internacional sobre os Direitos Econômicos, Sociais e Culturais. Salienta-se que referido pacto é também adotado pela Organização das Nações Unidas (ONU), e veio a ser sancionado pelo Brasil em 24 de janeiro de 1992, por meio do Decreto n. 591. Mais adiante feito referência ao pacto no art. 9º do Protocolo de San Salvador, no ano de 1988.

A Organização Internacional do Trabalho (OIT) é de extrema importância para a previdência social, que por meio de convenções regulamentou a nível mundial várias normas sobre a matéria, das quais podemos mencionar a Convenção n. 102, que normatizou as normas mínimas da seguridade social, e a Convenção n. 118, que regulamentou a igualdade de tratamento previdenciário entre nacionais e estrangeiros, tornando-se um marco para a previdência social.

Dentre outras entidades, há que se destacar também a Associação Internacional de Seguridade Social (AISS) que ampliou e consolidou o amparo aos cidadãos, tendo como finalidade o auxílio internacional para a ascensão e o desenvolvimento da seguridade social em várias nações, por meio de avanços técnicos e administrativos, visando assim a melhoria das condições sociais e econômicas da população.

Por fim, cabe ainda evidenciar os inúmeros acordos internacionais, que tratam da previdência social, que o Brasil celebrou com o bloco econômico do MERCOSUL e com países como Portugal, Itália e Espanha, visando assim garantir igual tratamento previdenciário entre os trabalhadores dos países acordantes. Porém destacamos a matéria desse trabalho que é o Acordo Multilateral de Seguridade Social.

3.1. Acordo Multilateral de Seguridade Social

Em virtude de sua qualidade de sujeito do Direito das Gentes, o Estado possui capacidade para celebrar tratados, o que consiste em uma manifestação de sua personalidade jurídica internacional.

Como muito bem salientado por Lila E. García, no artigo *Outra versión de "Nuestro" mundo contra el "Suyo". La legítima defensa contra la migración em los Estados Unidos post 911*, na Obra Justificar la Guerra? Dirigido por Emiliano Jerónimo Buis, 1ª ed., Eudeba, Buenos Aires, p. 177, vejamos:

La historia e las migraciones indicaria que migraciones"hubo siempre", frente a aquellos que para los cuales industrialización, capitalismo Y migración son indisociables. Para ser exactos/as, deberíamos decir que lo que "hubo siempre" fuero movimentos de personas, mas la identificación com lo que hoy entendemos por migraciones surgió contemporaneamente com el capitalismo: lo que hoy señalamos com migraciones em tanto objeto de estúdio fue uma diferenciación a partir de um hecho que "repentinamente" es señalado y recortado como tal dentro del norma desarrollo de la vida humana.(...) Surge así la persona como objeto de disciplinamento Y la población como cuerpo vivo cuyas aleatoriedades (epidemias, nacimientos, muertes y movimento espacial) hay que regular.

Considerando Tratado como todo acordo formal concluído entre sujeitos de direito internacional público, destinado a produzir efeitos jurídicos. Podem ser bilaterais e multinacionais, sendo o primeiro válido quando ambas as partes trocam o contrato e, o segundo, quando forem passados a um depositário, e os Tratados criam direitos e deveres recíprocos, obrigando as partes envolvidas a cumprirem as regras neles estipuladas, podendo ser permanentes ou temporários.

O Acordo Internacional prevê o instituto do deslocamento temporário que permite ao trabalhador continuar vinculado à previdência social do país de origem quando deslocado para outro país, por período pré-estabelecido no referido Acordo. Ao empregado será fornecido Certificado de Deslocamento Temporário, mediante solicitação de sua empresa, visando à isenção de contribuição destes Acordos Internacionais de Previdência Social no País Acordante onde for trabalhar a serviço de seu empregador, na forma prevista em cada Acordo, a fim de que o mesmo permaneça sujeito à Legislação Previdenciária do país de residência e tenha garantidos os seus direitos no outro país.

3.2. Do Direito de integração

O Decreto Legislativo n. 451/2001 aprovou o texto do Acordo Multilateral de Seguridade Social do Mercado Comum do Sul e seu Regulamento Administrativo, celebrados em Montevidéu, em 15 de dezembro de 1997, e o Direito Previdenciário, dentro do Direito de Integração, aprovado pelo Acordo Multilateral de Seguridade Social do Mercosul/CMC/Dec. n. 19/973, que estabelece, em seu art. 2º, ns. 1 e 2, o seguinte:

Art. 2º

1. Os direitos à Seguridade Social serão reconhecidos aos trabalhadores que prestem ou tenham prestado serviços em quaisquer dos Estados Partes, sendo-lhes reconhecidos, assim como a seus familiares e assemelhados, os mesmos direitos e estando sujeitos às mesmas obrigações que os nacionais de tais Estados Partes com respeito aos especificamente mencionados no presente Acordo.

2. O presente Acordo também será aplicado aos trabalhadores de qualquer outra nacionalidade residentes no território de um dos Estados Partes, desde que prestem ou tenham prestado serviços em tais Estados Partes.

A legislação aplicável será a do Estado Parte em cujo território o trabalhador exerça a sua atividade laboral, exceto nos seguintes casos: a) trabalhador com tarefas profissionais de pesquisa, científicas, técnicas ou de direção, ou de atividades similares e outras que poderão ser definidas por uma Comissão Multilateral Permanente; b) pessoal de voo e de trânsito terrestre; c) membros de tripulação de navio de bandeira de um dos Estados Partes.

O Acordo Multilateral de Seguridade Social do Mercosul representa um importante avanço em se tratando de garantia de proteção social aos trabalhadores em fluxo migratório de trabalho temporário e permanente entre os países, sendo importante ao trabalhador a garantia de uma boa qualidade de vida para sua saúde e para saúde de sua família em países em que são considerados estrangeiros e que não estão cobertos por todos os benefícios que os cidadãos comuns.

A Autoridade competente no Brasil é o Ministro de Estado de Previdência Social, e, no Ministério da Previdência Social, a assessoria de Assuntos Internacionais, a Secretaria Executiva, é o órgão responsável pela celebração dos Acordos Internacionais e pelo acompanhamento de sua operacionalização.

Inserido no contexto da política externa brasileira, conduzida pelo Ministério das Relações Exteriores e resultam de esforços do Ministério da Previdência Social e de entendimentos diplomáticos entre governos, têm por objetivo principal a garantia dos direitos de seguridade social previstos nas legislações dos países envolvidos em relação aos respectivos trabalhadores e dependentes legais, residentes ou em trânsito no país.

O Acordo Multilateral de Seguridade Social do Mercosul, especificamente, estabelece uma relação de prestação de benefícios previdenciários, não implicando na modificação da legislação vigente no país, cumprindo a cada Estado contratante analisar os pedidos de benefícios apresentados e decidir quanto ao direito e condições, conforme sua própria legislação aplicável.

4. O SISTEMA DE PREVIDÊNCIA SOCIAL NA ARGENTINA

A Argentina reformulou seu sistema de previdência social em 1994, orientada pelo modelo chileno, praticando importantes diferenciações. A legislação base sobre o Sistema Integrado de Aposentadoria e Pensões da Argentina é a Lei n. 24.241/1993, que cobre as aposentadorias por velhice, invalidez e morte, integrando-se ao Sistema Único de Seguridade Social (SUSS).

O Sistema Previdenciário possui um regime público, fundamentado sobre a concessão, pelo Estado, de benefícios financiados por um sistema de repartição, além de um regime previdenciário baseado na capitalização individual. Todos os segurados (inclusive os trabalhadores autônomos) devem contribuir para um pilar público, de repartição, que provê uma pensão básica, devendo estar filiados a outro pilar complementar.

A opção surge com relação à filiação a este último pilar, que pode ser um fundo de pensão vinculado ao regime privado ou um plano de previdência no âmbito do regime público. Se tal opção não é declarada, os segurados são automaticamente inscritos no regime privado de capitalização de contas individuais, de acordo com a Lei n. 24.241/1993.5.

O sistema é estritamente regulamentado, estando sob a supervisão de um órgão especial chamado '*Administradora Nacional de La Seguridad Social*' (ANSES) que atende os integrantes do '*Mercosur*' por meio do '*Departamiento de Convenios Internacionales*'.

Os principais benefícios do sistema previdenciário argentino são os seguintes: *Benefício por Morte; Benefício por Idade; Benefício por Invalidez; Prestações Familiares; Benefício por Incapacidade Temporária de Trabalho; Benefício por Acidente do Trabalho; Benefício por Doença Profissional; Assistência médica.*

5. O SISTEMA DE PREVIDÊNCIA SOCIAL NO URUGUAI

A atual reforma do sistema previdenciário do Uruguai teve a sua guinada com a posse de Julio María Sanguinetti em 1994, após várias tentativas de reforma do sistema previdenciário frustradas. Com a ajuda de uma equipe técnica multipartidária sólida, Sanguinetti lançou uma proposta de reforma mais profunda baseada em um diagnóstico mais completo dos problemas do sistema previdenciário e uma análise cuidadosa de cada um dos obstáculos às mudanças.

A reforma substituiu a antiga estrutura previdenciária por um sistema híbrido que combina a poupança pessoal – os trabalhadores têm suas próprias contas e sabem o quanto depositaram nelas – com o princípio de solidariedade e benefícios públicos. O Banco da Previdência do Uruguai continua a administrar um pacote básico de benefícios que está disponível para todos os cidadãos, enquanto uma combinação de companhias públicas e privadas de administração de fundos de pensão administram contas individuais. Os contribuintes podem escolher qual dessas companhias, conhecidas como AFAPs pelas suas iniciais em espanhol, irá administrar suas contas.

Culminando na Lei n. 16.713/1995, o sistema previdenciário uruguaio, conforme estabelece o *caput* do art. 4º da referida legislação, é misto, compreendendo o regime contributivo de repartição, administrado pelo Banco de Previdência Social, e o regime de capitalização individual, administrado por empresas privadas, de forma combinada em três diferentes níveis.

1º – de natureza solidária e estatal, financiado por empregados e empregadores, esse nível é complementado por um esquema redistributivo, direcionado aos grupos de menor renda não integrados ao mercado formal de trabalho.

2º – poupança individual obrigatória inclui os que percebem renda determinada entre dois valores, também recebendo contribuições do empregador e do empregado e sendo gerido por administradoras de fundos de pensão.

3º – é voluntário, destinando-se àqueles que possuem rendas altas (valores estipulados pelo '*Instituto de Seguridad Social*').

O alcance da reforma na Previdência Social se dá a todos os cidadãos menores de quarenta anos de idade em 1º de abril de 1996. Os maiores de 40 anos de idade deveriam optar para o novo sistema até 20 de dezembro de 1996. No caso de falta de opção formal, vinculam-se ao regime de transição.

O sistema é regulamentado, estando sob supervisão de um órgão especial chamado Órgão de Previdência Social do Uruguay – Banco de Previsión Social.

De modo resumido os benefícios são os seguintes: *Benefício por Morte; Benefício por Idade; Benefício por Invalidez; Benefício por Acidente do Trabalho; Benefício por Doença Profissional; Benefício por Enfermidades e Acidentes Comuns; Prestações Familiares; Assistência médica.*

6. O SISTEMA DE PREVIDÊNCIA SOCIAL NO PARAGUAI

O Instituto de Previdência Social paraguaio (IPS), principal órgão previdenciário, regulamenta e abrange duas áreas; a) aposentadorias e pensões; b) saúde da população.

A Constituição Paraguaia de 1992 determina que a lei estabeleça o sistema obrigatório e integral de seguridade social para o trabalhador e sua família, que poderão ser públicos, privados ou mistos sendo, em qualquer caso, supervisionados pelo Estado.

O sistema utilizado no Paraguai é o contributivo, sendo pago pelo trabalhador e pelo empregador, na ordem de 9% e 14%, respectivamente.

O que se discute muito no Paraguai é a iniciativa de mudança do modelo previdenciário para o que vem sendo aplicado no Chile, ou seja, para um sistema de capitalização ou, pelo menos, o que para que se avance para um sistema parecido com o que ocorre no Uruguai e na Argentina, com sistemas mistos.

7. O SISTEMA DE PREVIDÊNCIA SOCIAL NO BRASIL

No Brasil o sistema de Previdência Social é contributivo e de repartição simples, este último que significa um fundo único que atende aos benefícios de qualquer segurado que atenda aos requisitos previstos pela legislação, tem intensa participação do Estado em sua composição orçamentária e é de participação obrigatória dos trabalhadores.

Estes benefícios se resumem a: *Pensão por Morte; Aposentadoria por Idade; Aposentadoria por Invalidez; Aposentadoria por Invalidez por Acidente de Trabalho; Auxílio-Doença; Auxílio-Doença por Acidente do Trabalho; Assistência médica; Aposentadoria por Tempo de Contribuição.*

No Brasil, ainda para cada benefício dependendo do período existe uma regra a ser aplicada, das quais se denominam de direito adquirido, regra de transição e regra atual.

Existe também uma segunda forma de previdência, mas está é facultativa, que tem o caráter de complementar, a chamada previdência privada.

8. CONSIDERAÇÕES FINAIS

Devido ao grande fluxo migratório atual, as nações vêm buscando apostar no sucesso dos acordos de reciprocidade previdenciária como forma de conceder esta estabilidade social e econômica aos seus cidadãos, instituindo proteções comuns entre os países signatários, de maneira a equiparar os trabalhadores nacionais aos estrangeiros, de maneira a respeitar ainda o direito fundamental, que em nível internacional ganha *status* de direitos humanos.

Contudo, embora do grande avanço instituído pelo Acordo, suas regras não são claras e aprofundadas, de forma que o próprio trabalhador imigrante desconhece os seus direitos previdenciários, decorrentes da reciprocidade entre os países, não atingindo sua finalidade, pois para serem colocados em praticas existem regras que são impostas por cada país, respeitando sempre a legislação local, a igualdade de tratamento entre os trabalhadores de cada país, e toda uma estrutura que funciona para que haja a aplicabilidade dos acordos internacionais, como é o caso dos organismos de ligação.

Como se observa tecer um acordo é muito complicado, pois demora muitas vezes para ser discutido, decidido e também ratificado, o que dificulta ainda mais a ampliação dos direitos, à guisa de ilustração o Acordo Multilateral de Seguridade Social do Mercosul que foi celebrado em 15 de dezembro de 1997, aprovado pelo Decreto Legislativo n. 451, de 14 de novembro de 2001, em vigor a partir de 1º de maio de 2005, visto que o Paraguai veio a ratificar a lei somente no de 2004 (art. 17, 1 do Acordo, este somente teria vigência após todas as nações signatárias o ratificarem).

Por ser uma área do direito que ainda é pouco pesquisada e estudada, observo sua importância mitigada minimizando sua abrangência, os Ministérios dos países que compõem o bloco econômico do Mercosul deveriam ser mais ativos a fim de agilizar e concretizar cada vez mais os direitos da seguridade social, ou quiçá fomentassem a elaboração de regras comuns de concessão de benefícios previdenciários assegurando a proteção mínima quantos os infortúnios morte, invalidez, incapacidade, velhice.

No entanto, falta muito para alcançarmos o ideal, já que nem todos os países têm boas relações internacionais e diplomáticas, o que dificulta esta universalização dos direitos sociais, que são abrangidos pelos acordos internacionais, mediante a teoria da autolimitação de Georg Jellinek e da teoria da vontade coletiva de Carl Heinrich Triepel, onde o Estado é soberano.

Por fim o desejo de promover um sistema previdenciário internacional fundado nos princípios do multilateralismo, regido por regras de aplicação universal elaboradas em comum e mecanismos de vigilância e de arbitragem multilaterais, traduz o verdadeiro engajamento em favor da globalização organizada no sentido do direito e da justiça.

9. REFERÊNCIAS BIBLIOGRÁFICAS

ASSOCIAÇÃO INTERNACIONAL DA SEGURIDADE SOCIAL – AISS. Disponível em: <http://www.issa.int/Topics/About-social-security>. Acesso em: 2 abr. 2013.

BRASIL. Decreto n. 591 (1992). *Pacto internacional sobre direitos econômicos, sociais e culturais*. Brasília, DF: Senado Federal, 1992.

BUIS, Emiliano Jerónimo; e Outros. *¿Justificar la Guerra?: discursos y prácticas em torno a la legitimación del uso de la fuerza y su licitude em el Derecho Internacional*; 1ª ed., Buenos Aires: Eudeba, 2014. p. 177.

CARDOSO, Oscar Valente. *A integração da Seguridade Social no Mercosul* in Curso Modular de Direito Previdenciário, Vol. II. Florianópolis: Conceito Editorial. 2010.

CASTRO, Carlos Alberto de; LAZZARI, João Batista. *Manual de direito previdenciário*. 14. ed. Florianópolis: Conceito Editorial, 2012.

COSTA, Lucia Cortes da. *Políticas Sociais no Mercosul: desafios para uma integração regional com redução das desigualdades sociais*. In: Estado e democracia: pluralidade de questões. 1. ed. Ponta Grossa: Editora UEPG, 2008.

ECLAC, Social Panorama of Latin America – 2006, chapter I, page 84. http://www.eclac.cl/publicaciones/xml/4/27484/PSI2006_Sumary.pdf>. Acesso em: 30 jul. 2010.

FERREYRA, Raul Gustavo. *Notas sobre Derecho Constitucional y Garantias*. Segunda Impressión, Buenos Aires, Ediar, 2008.

INFORME DE PREVIDÊNCIA SOCIAL. *Acordo Multilateral de Previdência Social do Mercosul*. Jun. 2005, vol. 17, número 06. p. 03

KELSEN, Hans. *Teoria Geral do Estado*. 5.ed. São Paulo: Martins Fontes, 2005.

MANSUETI, Hugo Roberto. *Derechos Sociales en el Mercosur*. In Direito Previdenciário em Debate. Instituto de Direito Previdenciário Organizador. Juruá; 2007.

MARTINEZ, Wladimir Novaes. *Aposentadoria Especial*. 5. ed. São Paulo: LTr, 2010.

______. *Curso de direito previdenciário*, tomo I: Noções de direito previdenciário. 3. ed. São Paulo: LTr, 2005.

______. *Curso de direito previdenciário*, tomo II: Previdência Social. São Paulo: LTr, 1998.

MASSAMBI, Vânia. 2011. *A proteção previdenciária prevista no Acordo Multilateral de Seguridade Social do Mercosul*. Dissertação (Pós-Graduação em Ciências Sociais Aplicadas) – EUPG, Ponta Grossa/PR, 2011.

MINISTÉRIO DA PREVIDÊNCIA SOCIAL. Assuntos Internacionais. Disponível em: <http://www.mps.gov.br/conteudoDinamico.php?id=111>. Acesso em: 25 maio 2013.

MINISTÉRIO DA PREVIDÊNCIA SOCIAL. *Acordos Internacionais*. Disponível em: <http://www.mpas.gov.br/conteudoDinamico.php?id=111>. Acesso em: 2 abr. 2013.

______. *Migrações Internacionais e a Previdência Social*. Brasília: MPAS, SPS, CGEP, 2006.

MINISTÉRIO DO TRABALHO E EMPREGO. *Brasileiros e brasileiras no exterior*. Brasília: DF, 2007.

______. Como trabalhar nos países do Mercosul – Guia Dirigido aos Nacionais dos Estados Partes do Mercosul. Disponível em: <http://portal.mte.gov.br/data/files/FF8080812E0556D0012E111F758F013F/cartilha_trabalho_mercosul_port.pdf>. Acesso em: 12 maio 2013.

MINISTERIO DO TRABAJO, EMPLEO Y SEGURIDAD SOCIAL. Disponível em: <http://www.trabajo.gob.ar/seguridadsocial. Acesso em: 25 maio 2013.

MINISTERIO DE TRABAJO Y SEGURIDAD SOCIAL. Disponível em: <http://www.mtss.gub.uy>. Acesso em: 25 maio 2013.

ORGANIZAÇÕES DAS NAÇÕES UNIDAS – ONU. *Declaração universal dos direitos humanos* – ONU. 1948. Disponível em: <http://www.prr3.mpf.gov.br/imagens/boletim_info/dudh-onu.pdf>. Acesso em: 2 nov. 2012.

ORGANIZAÇÃO INTERNACIONAL DO TRABALHO – OIT. Convenção n. 102. *Normas Mínimas da Seguridade Social*. Disponível em: <http://www.oit.org.br/node/468>. Acesso em: 2 abr. 2013.

ORGANIZAÇÃO INTERNACIONAL DO TRABALHO – OIT. Convenção n. 118. *Igualdade de Tratamento entre Nacionais e Estrangeiros em Previdência Social*. Disponível em: <http://www.oit.org.br/node/476>. Acesso em: 2 abr. 2013.

PIOVESAN, Flávia. Proteção dos Direitos Sociais: Desafios do Ius Commune Sul-Americano, *Revista do Tribunal Superior do Trabalho*, Brasília, out./dez. 2011, vol. 77, número 04, p. 130-131.

ROCHA, Daniel Machado da. *O Direito Fundamental à Previdência Social na Perspectiva dos Princípios Constitucionais Diretivos do Sistema Previdenciário Brasileiro*. Porto Alegre: Livraria do Advogado, 2004.

TAVARES, Marcelo Leonardo. *Direito Previdenciário*. 7. ed., rev., ampl. e atual. até a Emenda Constitucional n. 47/2005. Rio de Janeiro: Lumen Juris, 2005.

VENTURA, Deisy de Freitas Lima. *Assimetrias entre o Mercosul e a União Européia:* os desafios de uma associação inter-regional. Barueri/SP: Manole, 2003.

VILLATORE, Marco Antônio César. A Previdência Social no Mercosul e nos Países Integrantes. *Revista O Trabalho*. Curitiba: n. 253, p.1876-1882, 2003.